旧統一協会被害者救済新法を解説する

寄附の不当勧誘防止法
その意味と問題点

宗教法および宗教経営研究所・所長教授
元東京基督教大学・教授
櫻井圀郎 著

まえがき

「法人等による寄附の不当な勧誘の防止等に関する法律」は、いわゆる「統一協会問題」に端を発し、内閣が「被害者救済新法」という触れ込みで、二〇二二年（令和四年）十二月一日に法案提出し、十二月八日に衆議院通過、十二月十日に参議院通過という異例な速さで制定された法律です。

その後、二〇二二年（令和四年）十二月十六日に公布され、二〇二三年（令和五年）一月五日から施行されています。

この「統一協会」とは、韓国に本部を置き、一九五九年（昭和三十四年）に文鮮明によって東京都渋谷区に設立された旧称「世界基督教統一神霊協会」をいいます。

二〇一五年（平成二十七年）、名称を変更して、現在は「世界平和統一家庭連合」と称しています。

宗教、政治、教育、文化、社会、メディア、産業など、あらゆる分野にきわめて多数の関連団体を有し、多種多様な活動を展開しています。

「統一教会」と呼称することを求められることもありますが、元の名称にあるように、「基督教《キリスト》」を名乗っているものの、基督教神学上、正統な基督教から離反した「異端」や基督教とはいえない「偽基督教」とされていることから、基督教界では「教会」という表記を否み「統一協会」と表記しています。

この法律は、統一協会による被害者を救済するための新法ということですが、必ずしも、現実の被害の実態に即したものではありませんし、現在の被害者の救済に資するものとも思われません。

「オウム真理教」を対象にした「無差別大量殺人行為を行った団体の規制に関する法律」においては、「例えばサリンを使用するなどして、無差別大量殺人行為を行った団体」として「オウム真理教」を特定していますが、統一協会問題に対する「被害者救済新法」とされているこの法律では、統一協会を特定する用語はありません。

それどころか、「宗教」「宗教活動」「宗教団体」「宗教法人」などの表記もなく、すべての法人や法人でない団体が対象とされています。

その意味で、問題とされた統一協会にかかる寄附のみならず、宗教団体や宗教活動に関する寄附にも限られず、学校法人、社会福祉法人、医療法人、市町村、町内会などにかかる寄附にも適用される一般法とされています。

したがって、宗教法人、学校法人、社会福祉法人、医療法人、株式会社、市町村などあらゆる法人や、信徒会、崇敬会、護持会などや、ＰＴＡ、町内会、同好会、スポーツクラブなど、あらゆる団体の関係者は、この法律に関する知識が必要となります。

もちろん、信者、崇敬者、会員、社員など、寄附の勧誘を受ける側にとっては、寄附の勧誘が不当であれば寄附を取り消し、寄附した金品を取り戻すことができる条項を含むものですから、重要な法律です。

とはいえ、あまりにも拙速に制定された法律であり、国会における審議が十分に尽くされたとは言い難く、関係者の意見を聴取するなどの手続きも踏まれていないことから、不十分な点や不適切な規定も認められます。

この法律の制定により、宗教団体や宗教活動に対する誤った理解が広がることが懸念され、宗教団体や宗教活動にとって不適切な適用もなされないか心配されます。

特定の宗教団体の被害者の救済という点に傾注するあまり、宗教や宗教活動、宗教団体、宗教法人について、必ずしも正しい理解と対応が考察されているとも思えません。

そのため、一刻も早く、この法律の全貌と問題点について、今後の考察を進めるための基礎を提供する必要を感じ、不十分を承知の上、緊急に、本書を上梓する次第です。関係各位の論議と対応を期待するものです。

目次

第2章　対象となる寄附　31

第3章　法人等の配慮義務と禁止行為　49

第1章 この法律の目的

このいわゆる被害者救済新法は、旧統一協会信者の家族が、高額な献金や寄附の結果、家計困窮となり、家庭が破壊されるなど被害を受けたという個人（信者や信者家族）の救済を目的として制定された、法人等による「組織的な勧誘」を禁ずる法律です。従って、個人による寄附の勧誘は対象となりませんが、単なる個人か、組織の意思に基づく個人かの区別は時に曖昧です。また、宗教法人のみならず、すべての法人や法人でない団体をも対象とした法律であり、その法人には、自治会やスポーツクラブなども含まれます。私たちに無縁の法律ではありません。

Ⅰ　この法律の目的

第一条　この法律は、法人等による不当な寄附の勧誘を禁止するとともに、当該勧誘を行う法人等に対する行政上の措置等を定めることにより、消費者契約法とあいまって、法人等からの寄附の勧誘を受ける者の保護を図ることを目的とする。

この法律の目的は、第一に、「法人等による寄附の不当な勧誘を禁止すること」にあります。

元々、統一協会信者の家族が、高額な献金や寄附の結果、家計困窮となり、家庭が破壊されるなど被害を受けたという信者や信者家族の救済を目的として制定された法律ですから、「組織的な勧誘」が対象とされており、「個人による勧誘」は対象外とされています。

統一協会問題の被害者救済を目的としながら、宗教団体や宗教法人に限定することなく、ひろく「法人等」とされているのは、統一協会の活動の特質にあります。統一協会は、単一の宗教団体や宗教法人ではなく、宗教、政治、教育、文化、社会、医療、産業、国際、報道、出版、家庭、生活などあらゆる分野におけるきわめて多種多様な法人や団体を組織し、その全体として大規模な活動が行なわれているからです。

第二に、「寄附の不当な勧誘を行う法人等への行政上の措置等」を定めることにあります。具体的には、内閣総理大臣（消費者庁長官）による報告徴取、勧告、命令があり、違反に対する罰則があります。

第三に、「法人等からの寄附の勧誘を受ける者の保護」です。具体的には、法人等の配慮義務および禁止行為、寄附の意思表示の取消し、被扶養者の債権者代位権が定められ、消費者契約法とあいまって効果を発揮することが期待されています。

「消費者契約法」は、消費者と事業者との間の①情報の質、②情報の量、③交渉力の格差に鑑み、事業者の一定の行為により消費者が誤認したり、困惑した場合などに、契約の申込や承諾の意思表示を取り消すことができるようにするなどの目的で、二〇〇〇年（平成十二年）に制定され、二〇〇一年（平成十三年）四月一日から施行されている法律です。

この法律では、消費者契約法が引き合いに出されていることから、消費者契約法における消費者と事業者との関係を、寄附の勧誘を受ける個人と寄附の勧誘を行なう法人等との関係に類比し、寄附による被害を消費者被害の類型で捉えていることが窺えます。

したがって、主務官庁も「消費者庁」とされ（附則第六条）、この法律による内閣総理大臣の権限も「消費者庁長官」に委任されています（第十四条）。

その意味で、この法律は、マスコミで報道されているように宗教法人や宗教活動などを対象にしたものではなく、ひろく一般のすべての法人等のあらゆる活動を対象にしたものと解するべきでしょう。

Ⅱ 「法人等による」

1 対象は法人等

この法律は、もっぱら「法人等による」寄附の不当な勧誘を問題としています。

その「法人等」とは、「法人」と「法人でない社団もしくは財団で代表者もしくは管理人の定めがあるもの」とをいいます。

2 法人

問題の発端からすれば「宗教法人による」（または法人でない宗教団体を含めて「宗教法人等による」）とすれば十分なはずですが、この法律では、宗教法人（宗教法人等）に限定することなく、すべての法人を対象にしています。

宗教法人のほか、一般社団法人、一般財団法人、公益社団法人、公益財団法人、特定非営利活動法人（ＮＰＯ法人）、社会福祉法人、学校法人、医療法人、株式会社、合同会社、

農業協同組合、健康保険組合、法人となった労働組合、法人となった地縁団体などが含まれます。

独立行政法人、独立地方行政法人、国立大学法人、公立大学法人、日本年金機構、日本赤十字社、商工会、商工会議所、弁護士会、司法書士会、政党、日本司法支援センター、日本放送協会（ＮＨＫ）、中央競馬会などのほか、国、都道府県、市町村、特別区、財産区、土地改良区なども含まれています。

このことから、宗教目的の寄附に限らず、政治活動、学校教育、学術研究、社会福祉、文化活動、芸能芸術、公共公益、貧困救済、更生、スポーツなどあらゆる寄附が、この法律による規制の対象とされているものと解されます。

3　人格のない社団・財団

(1)　人格のない社団・財団とは

この「法人等」には、「法人でない社団もしくは財団で代表者もしくは管理人の定めがあるもの」も含まれています。

「社団」とは、二人以上の人（構成員）によって構成されている団体をいい、「財団」とは、一定の出資によって設立されている団体をいいます。

社団や財団であって法人でないものを「人格のない社団」「人格のない財団」といいます（以下「人格のない社団等」）。

「法人」とは、法律の規定により「法人」として設立された社団や財団（以下「社団等」）をいいますが、①法律の規定がないことから、②法律の規定に適合しないことから、③法律の規定に適合しても法人としたくないことから、法人となれないまたは法人とならない社団等が多数あります。

それらの社団等も、規則、意思決定、役員、会計などの体制を整え、法人と変わらないあるいは法人に準じた運営がされ、活動を行なっているものについては、法人と同様にまたは法人に準じて扱うことが適切であると考えられます。

そこで、昭和三十三年の最高裁判決で「人格のない社団」として認められ、現在では、訴訟法、税法その他の法律においては、その主体性を認めたり、法人とみなす規定を置いて、法人と同様の扱いをしています。

この新法でもそれに則っています。

(2) 宗教団体と宗教法人

宗教活動を規律し、整備し、主宰し、主導し、指導し、支援し、宗教職や信者を組織する神社、寺院、教会、修道院などの「宗教団体」は、そもそも「人格のない社団等」です。

宗教法人法においては、「宗教団体」とは、「宗教の教義をひろめ、儀式行事を行ない、及び信者を教化育成すること」（以下「宗教活動」）を主たる目的とする、礼拝の施設を備える神社、寺院、教会、修道院などの団体（単位宗教団体）や単位宗教団体を包括する教派、宗派、教団、教会、司教区、修道会などの団体（包括宗教団体）のことをいいます（第二条）。

その「宗教団体」のうち、宗教法人法の要件に適合して、宗教活動を行なうための財務その他の世俗の事務を行なうために設立された法人が「宗教法人」です。宗教法人は、公益事業や公益事業以外の事業（収益事業）も行なうことができます。

このように、法人となった宗教団体が「宗教法人」と呼ばれるのですが、宗教法人が「宗教活動」を行なうことになるのではなく、「宗教団体」の「財務その他の世俗の事務」を行なうにとどまります。

日本国憲法の保障する「信教の自由」から生まれた宗教法人における「聖俗分離の原則」です。「宗教法人の特殊性」です。

聖俗分離の原則は、一つの宗教団体・宗教法人の中では宗教活動と世俗の事務とで分離され、行政の関与は宗教法人の部分に限定され、宗教団体の部分には及ばないなどで現れます。

また、訴訟の際にも、裁判所は「法律上の訴訟を裁判する」権限を有するに留まりますから、「宗教上の訴訟」には入れません（裁判所法第三条）。

(3) 宗教法人の特殊性

したがって、宗教法人は、他の法人とは、その性質が根本的に異なります。

たとえば、「医療法人」は「病院等の開設」を目的とする法人であり（医療法第三九条）、「学校法人」は「学校の設置」を目的とする法人であり（私立学校法第三条）、「社会福祉法人」は「社会福祉事業」を行なう法人です（社会福祉法第二二条）が、「宗教法人」は「宗教活動」を行なう法人ではないのです。

そこで、「宗教団体」は、「宗教法人」になったとしても、宗教団体の全体が宗教法人に移行してしまうのではなく、宗教団体の財務その他の世俗の事務（俗域）のみが宗教法人に移行し、宗教活動、聖職者、信者など宗教の分野（聖域）は宗教団体に残ったままなのです。

つまり、宗教団体を大きな円で表記すると、宗教法人はその大きな円の中に存する小さな円なのです（図1参照）。宗教団体を氷山に喩えて、海面上に現れた部分が宗教法人であると説明されてもいます。

このように、宗教団体と宗教法人とは「一つの団体」なのですが、聖域と俗域で区分がされているということです。

このように、宗教法人を設立した宗教団体にあっても、宗教活動は宗教法人の領域ではなく、本体としての宗教団体の領域に属しますから、宗教法人が解散しても、宗教活動には影響が及びません。

とはいえ、宗教法人は宗教団体の財務を担っていますから、宗教法人が解散すれば、清算手続きが開始され、宗教活動のために使用できた財産がすべて剥奪されてしまうことになりますから、宗教活動がきわめて困難になることは明らかです。

図１　宗教団体と宗教法人

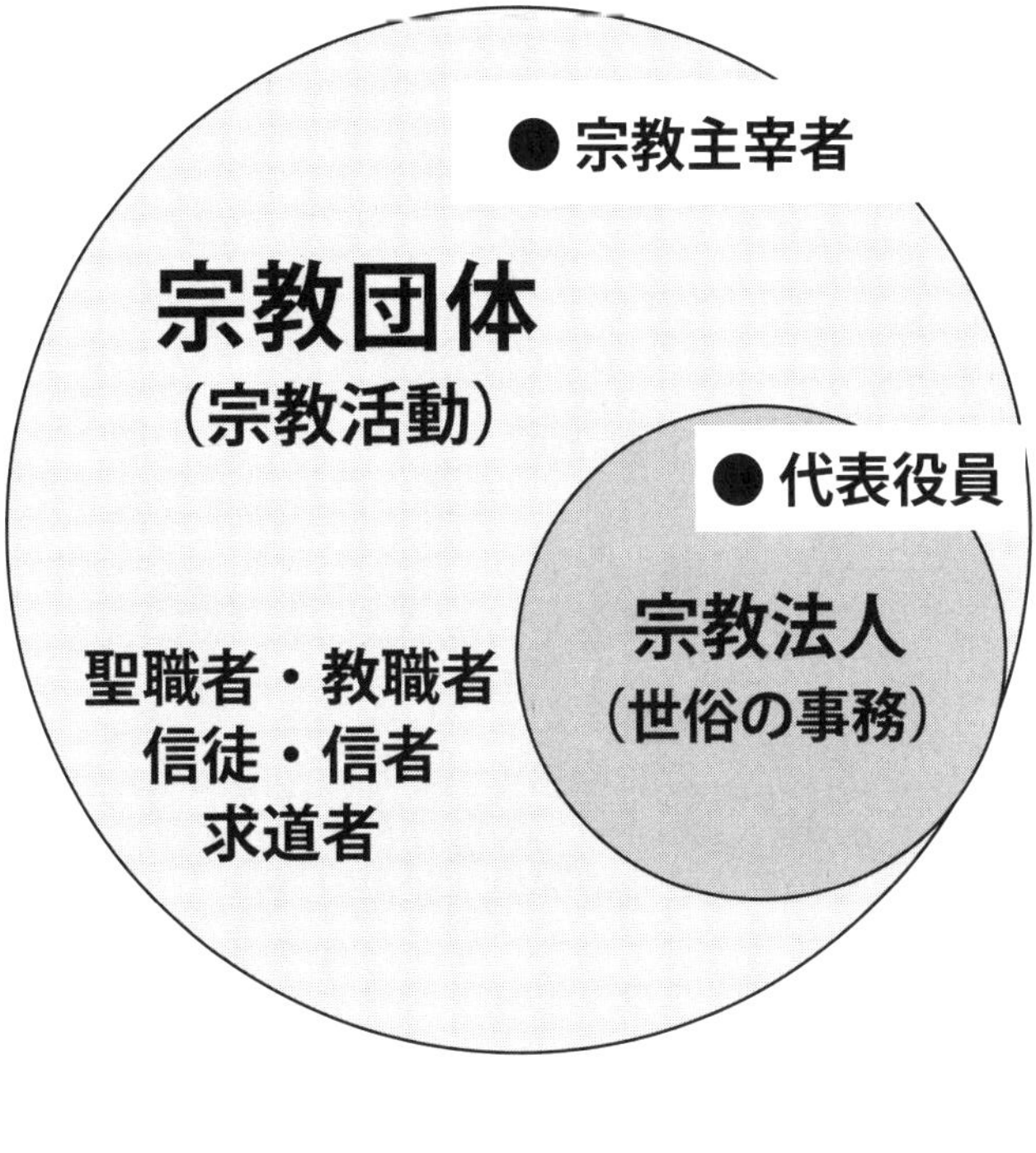

しかし、解散命令によって宗教法人の解散となったオウム真理教のように、宗教団体としては存続し、宗教活動を続行することは可能です。

(4) 複雑な宗教団体

宗教法人法上、宗教団体は、礼拝の施設を備える神社、寺院、教会、修道院などの「単位宗教団体」と、単位宗教団体を包括する教派、宗派、教団、教会、修道会、司教区などの「包括宗教団体」とが規定されています。

しかし、現実には、包括宗教団体と単位宗教団体との間に、教区、宣教区、神社庁、支部、中会、地方会、地方連合などの宗教団体が組織されています（以下「中間宗教団体」）。それを合わせて、全体が三層構造となっている場合もあれば、四層、五層など多層構造となっている場合もあります。

中間宗教団体の意味や位置付けは、宗教団体によって異なりますが、大きく二種類に分類できます。

その一は、中間宗教団体が包括宗教団体の内部組織や地方支分部であるものです。その場合は、包括宗教団体の一部ですから包括宗教団体と一体として捉えられます。

その二は、中間宗教団体が単位宗教団体を包括し、中間宗教団体が包括宗教団体に包括されるという構造で、神社、寺院、基督教会の多くで採用されている組織です。

この場合、中間宗教団体は、包括宗教団体に包括される組織ですが、包括宗教団体の組織の一部を構成するのではなく、独立した意思決定機関を持ち、役員制度によって運営され、独立した予算決算をしている団体であって、包括宗教団体とは別の独立した宗教団体となります。

しかしながら、宗教法人法では、中間宗教団体は認められておらず、宗教法人となることができませんから、人格のない社団のままとなっています。

それでは不都合なので、中間宗教団体でありながら単位宗教団体と同一の要件を具備させて、単位宗教団体と同様の宗教法人としているところもあります。

その場合、宗教団体としては、包括宗教団体、中間宗教団体、単位宗教団体による多層構造としながら、宗教法人としては、包括宗教法人と単位宗教法人の二層構造としています。

そのほか、宗教団体の中には、当該宗教の教義上、宗教法人となることが不適切であるとして、宗教法人となることを否定しているところも多数あります。

もちろん、法律上の要件や設立手続きの面で宗教法人となることができない宗教団体も多く存在します。

さらに、宗教団体のほかにも、信徒会、護持会、崇敬会、講、伝道会、青年会、壮年会、敬老会、宣教会、支援会、同好会など、多数の団体が存在します。

これらの信徒会などには、宗教法人法上の宗教団体の定義に適うものも多数あります。したがって宗教団体・宗教法人は画一的にとらえることが困難で、各々の団体について精査する必要があります。

個々の神社・寺院・教会などでは比較的簡潔な組織となっていますが、それでも信徒会、婦人会などの複数の団体をかかえています。

大きな団体では、複数の宗教法人や各種の法人をかかえた複雑な組織となっています。

(5) その他の団体

その他、この法律の適用対象となる人格のない社団等には、法人でない政党、政治団体、消費者団体、法人でない労働組合、商店会、工業会、事業者連合会、ＰＴＡ、町内会、こども会、敬老会、青年会、スポーツクラブ、趣味の同好会など、あらゆる団体が含まれます。

そのことから、この法律は、統一協会問題の解決を意図して制定されたとしても、その適用範囲は、宗教団体等や宗教活動等にかかる宗教目的の寄附には限られないことになります。

政治献金、政党や政治団体への寄附、消費者活動への寄附、学校や医療機関への寄附、PTAや町内会などへの寄附、社会福祉活動への寄附、災害復興への寄附、ボランティア活動のための寄附、道路や水路や公園など公共事業への寄附なども対象として想定されます。

4　個人

(1)　個人の非適用

この法律の適用対象は「法人等」ですから、「法人等」ではない「個人」が含まれないことは当然です。

とはいえ、表面上は「個人」であっても、法人等の代理人や受託者であれば当然適用となり、法人等の役員や被用者・従業員としてであれば、法人等として適用されることになるでしょう。

法人等の会員や社員は、法人等の状況や会員等の位置付けにより、個人なのか、法人等なのかを判断することになります。

たとえば、社員二人の社団法人であれば、一人の社員で法人の1／2を背負っていると考えられますし、発行済み株式の九〇％の株式を所有する株主は一人でも事実上会社の代表と考えられるからです。

反面、たとえば「国」のように、主権を有するとはいえ、国家制度の上で何の地位や立場もない一人の国民が国を代表することはありえませんが、場合によっては、「国家の代表」として外交問題に発展し、戦争の危機を招く場合もあるかもしれません。

(2) 宗教団体の信者

法人等である宗教団体の信者の場合は、個人なのか法人等なのかは、当該宗教団体における信者の意味と位置付けによって分かれることになるでしょう。

信者が、単に宗教団体の宗教活動に参加する立場にすぎず、宗教団体の構成員として、その運営に与り、宗教活動に主体的に関わる者でない場合には、信者といえども、単なる個人と解するべきでしょう。

しかし、信者が、宗教団体の意思を決する資格や身分があり、宗教団体の一員として宗教活動を履践《りせん》する立場にある場合には、宗教団体の活動を担うものと解される余地もあります。

とはいえ、信者には、種々多数の資格や段階があり、一概には論じられませんから、具体的には、当該宗教団体と当該信者の実態をみて判断しなければなりません。

一般的に、宗教団体の多くでは、信者の個人としての活動を推奨しており、それを義務化していますが、それがあくまでも個人的な活動であって、宗教団体としての組織的な活動でない場合には、法人等の活動とは言えないでしょう。

(3) 個人としての活動

基督教《キリスト》のプロテスタントでは、信者一人一人が祭司であるとされ（万人祭司論）、多くの教会では、牧師の指導や教会の活動とは無関係に、個人として伝道することが求められています。

その場合、特定の教会の信者であることを理由に、直ちに特定の教会の活動であると断定することは困難で、教会の指導の在り方や信者の状況により判断しなければなりません。

また、実際の社会では、「神社」「寺院」「教会」等を名乗りながらも、もっぱら「個人の資格」で、宮司、住職、牧師、神官、伝道師、宣教師などとして宗教活動が行なわれているものもあります。

占い師、霊能師、呪術師、除霊師、宗癒師、霊断師、祈祷師、宗教カウンセラー、宗教コンサルタントなどであって、所属団体もない個人として活動している場合には、この法律の適用の対象外となります。

第2章 対象となる寄附

この法律が対象としている寄附は、「個人から法人等への寄附」のみです。ここでいう寄附とは、無償で個人から法人等へ財産に関する権利や利益が移転されるもののことです。対価性や見返りがあるもの、後で返還されるものは、寄附とは見なされません。しかし、数百万円から数千万円で取引される著名なスターや芸術家などの作品が、全額が売買代価なのか、寄附金が付加されているのか、明瞭ではありません。さらに、この法律が、布施や献金など、信者による宗教行為を否定しかねないことが懸念されます。

Ⅲ　寄附

第二条　この法律において「寄附」とは、次に掲げるものをいう。
一　個人と法人等との間で締結される次に掲げる契約
イ　当該個人が当該法人等に対し無償で財産に関する権利を移転することを内容とする契約
ロ　当該個人が当該法人等に対し当該法人等以外の第三者に無償で当該個人の財産に関する権利を移転することを委託することを内容とする契約
二　個人が法人等に対し無償で財産上の利益を供与する単独行為

1 「個人から法人等への寄附」

(1) 序

この法律が規制の対象としているのは、「個人から法人等への寄附」に限られています。

(2) 「個人から」

対象となる寄附は、第一に、「個人から」ということです。

「個人」とは、Ⅱの4で考えた通りです。

ただし、「個人」であっても、個人が事業のために行なう寄附は除かれます。消費者・生活者としての個人の行なう寄附が対象であるということです。

したがって、事業者としての個人（個人事業主）の場合には、自分の行なっている「事業のため」に行なう寄附であれば適用外となりますが、「事業のため」でなければ適用になるということです。

しかし、「事業のための寄附」とは何でしょうか。

「事業のため」といえば、通常は有償の取引でしょうから、無償の供与は考えられません。「事業のため」に行なう無償の供与といえば、宣伝広告のための寄附か、見本としての試供品の提供が正当なところでしょう。

この法律では、今後の取引を有利に進めるために法人等に贈り物をすることや赤字覚悟の出血サービスをすることなども想定されているのでしょうか。

「個人から」の寄附が対象なので、「個人ではないものから」の寄附が対象外であることは言うまでもありません。

たとえば、会員制をとる法人等で、会員組織として会員個人から会費等として徴収して、会員組織から当該法人等に寄附をするという体制であれば対象外となります。宗教団体であれば、信徒会、崇敬会、護持会などから宗教団体に行なう寄附は対象外ということになります。

もっとも、個人から会員組織や信徒会などへ行なう行為が寄附であれば、会員組織や信徒会などが独立した「法人等」として対象となります。ただ、個人から会員組織や信徒会などへの金銭の移動が会費等であれば対象外となります。

言うまでもありませんが、会員組織や信徒会などが法人等の内部組織であれば、個人から会員組織や信徒会などへの寄附が、直ちに、法人等への寄附として、この法律の適用の対象となります。

(3)「法人等へ」

第二に、「法人等へ」の寄附であるということです。

したがって、寄附の宛先が「個人」である場合は対象外となります。たとえば、個人の占い師、霊媒師、呪術師、布教師、宣教師、神官、仏僧、牧師などへの寄附は、信者個人としては法人等への寄附のつもりであっても、この法律としては適用の対象外です。

ただし、「個人」を宛先とした寄附であっても、その「個人」が法人等の代理人や受託者であれば、当然、法人等として適用されます。

名宛とされた「個人」が法人等の代表者や役員である場合、法人等の代表や代理として受領しているのなら当然に適用となりますが、あくまでも個人として受領しているのなら非適用となります。

政治家、芸術家、宗教者、芸能人、研究者などの支援会の場合、会員組織で会費として徴収して、被支援者に送金するのであれば、この法律の適用外となります。

ただし、会員組織でない場合や会員組織であっても会費としてではなく寄附を募るのである場合には、支援会がこの法律の適用を受ける法人等となります。

2　対象となる「寄附」

(1)　序

この法律で規制の対象とされている「寄附」には、①個人から無償で財産上の権利を移転することについての個人と法人等との「双方行為」と②個人から法人等に無償で財産上の利益を供与する「単独行為」とがあります。

双方行為とは、個人の意思（意思表示）と法人等の意思（意思表示）との合致によって成立する「契約」のことです。

単独行為とは、もっぱら個人の意思表示のみによって法律上の効果を生じる行為で、相手方のある単独行為と相手方のない単独行為とがあります。

一般に、相手方のある単独行為としては、契約の解除や意思表示の取消しがあげられ、相手方のない単独行為としては、遺言があげられます。

ここでは、財産上の利益の供与を伴う単独行為ですから、遺言による遺贈を意味するものと考えられます。

契約の解除や意思表示の取消しも、財産権に関する契約や意思表示であれば、結果的に財産権の移転を伴うこととなりますが、この法律で想定しているのはそうではないでしょう。

ただ、この法律では、双方行為については「権利の移転」としながら、単独行為については「利益の供与」としていることから、財産権の移転にこだわらず、利益が供与される場合も含む趣旨であると思われます。

(2) 双方行為

この法律で双方行為としては、「贈与契約」と「贈与委託契約」の二種が想定されています。

㋑ 贈与契約

その一は、①個人と法人等との間で、②個人が法人等に、③無償で、④財産上の権利を移転することを締約する「贈与契約」です。

一般に、「贈与」は、贈与者が一方的に行なう単独行為と思われていますが、贈る側（贈与者）と受ける側（受贈者）との合意によって成立する契約なのです。

たとえば、市町村に現金や物品の寄附をしようとした場合、現金や物品を一方的に市町村役場に送り届けても、それで寄附が成立するわけではありません。送り届けられた市町村が、送り主やその意思を確認し、届けられた物を受領する意思を決して、寄附が成立することになります。

必ずしも、事前の合意がなくても、受領すれば、受領の意思があることになりますから、受領によって合意が成立したとみなされることもあります。

いずれにせよ、両者の合意によって成立するのが贈与です。

また、この法律では、個人から法人等に移転する財産やこれと種類、品質および数量の同じものを返還することを約して、当該財産上の権利を移転するものは除かれています。

当然のことですが、それは「贈与」ではなく、「寄託」「預託」だからです。倉庫に物品を預けたり、銀行に預金したりするのと同様です。財産上の権利は移転していますが、返還されるのですから寄附に当たらないのは当然です。

贈与は、個人と法人等との両者の合意によって成立する契約ですから、寄附を受ける法人等は寄附や寄附の内容に関与しているといえます。

宗教法人、学校法人、医療法人、社会福祉法人、公益社団法人、公益財団法人、一般社団法人、一般財団法人、特定非営利活動法人（ＮＰＯ法人）、日本赤十字社、労働組合、協同組合、協業組合、商工会議所、商工会、労働組合などへの寄附が想定されています。

㋺ 贈与か否か

しかし、「無償で」と言えるか微妙なケースも多々あります。

たとえば、入学許可を受けるための学校法人への寄附、敬老施設に入所するための社会福祉法人への寄附、特別な手術を受けるための医療法人への寄附、除霊厄除のためにする宗教団体への寄附などです。

理事や理事長などへの就任を見返りに行なう寄附や特定の事業を受託することを見越した寄附なども同様です。

「ふるさと納税」と言われている地方公共団体への寄附も、実は、所得税の減税と返礼品の取得が目的であるとするなら、「無償」と言えるか微妙です。

これらの「寄附」に対価性が認められるとすれば、いずれも、この法律で規制の対象とされている寄附には当たらないことになります。

㈧　事業のための寄附

この法律で対象となる寄附（双方行為、単独行為）には、個人がその事業のために行なう寄附は含まれません。この法律の制定の趣旨が「個人の救済」にあるからです。したがって、事業を行なっている個人が、その事業のために、法人等に寄附をしたのであれば、この法律は適用されません。

事業を行なっている個人が、その事業の上で、有利な取引を展開し、将来の取引関係を構築するために、法人等に寄附を行なうというような場合が想定されます。

その事業の隆盛のために、その事業上の欠損や陥落からの救済を受けるために、その事業上の判断や決断を与えられるために宗教団体に寄附をしたという場合も同様でしょう。

注意しなければならないことは、この法律において「事業」とは、「営利事業」や「収益事業」に限定していないことです。単に「事業」という以上、無償の「公益事業」や「奉仕事業」なども含まれると解されます。

そうだとすると、当該個人が、何らかの事業を行なっているという設定にして、その事業のために寄附を行なうという体裁を整えれば、この法律の適用を逃れられるのではないかという危惧も生まれます。

今日の就労関係で問題となっているものには、労働者として雇用される（労働契約）のではなく、事実上、労働者と同一ないし同様の勤務につく業務委託契約の受託者があります。

この場合、受託者は、労働者ではなく、個人事業者とみなされますから、「事業のため」として、この法律の適用が除外されるということも考えられます。

㈡ 贈与委託契約

その二は、①個人と法人等との間で、②個人から法人等以外の第三者に、③無償で、④財産上の権利を移転することを、⑤法人等に委託することを締約する「贈与委託契約」です。

「贈与契約」は、個人から法人等に財産権を移転する契約ですが、「贈与委託契約」は、個人から第三者に財産権を移転することを法人等に委託する契約です。

つまり、個人からの財産権は、法人等が受領するのではなく、第三者であるとするものですが、法人等が当該財産権を事実上処分する権限を持つことになりますから、個人が法人等に財産権を移転したのと同様です。

たとえば、外国に本部を置く宗教団体の日本における支部としての宗教団体が、日本の信者との間での合意により、外国の本部に直接、財産権を移転するというような場合が考えられます。

宣教師支援会が個人との契約によって贈与を受け、支援会の意思決定で宣教師に送金するのなら「贈与契約」ですが、支援会が個人からの委託によって、個人の財産を、支援会の意思決定によって支援会を通じてではなく、個人から直接宣教師に送ることになるのが「贈与委託契約」です。

(3) 単独行為

この法律で想定されている単独行為とは、遺言による遺贈のほか、相手方の意思表示なく、相手方に財産上の利益を供与する行為が含まれるものと思われます。

単独行為ですから、贈与とは異なり、相手方である法人等の受領の意思表示は想定されません。

したがって、贈与とは異なり、法人等から「もっぱら個人の自由意思によるものであって、法人等の関与はない」と主張されることが考えられます。

そのため、この法律では、その単独行為の前提となる「法人等による寄附の勧誘」を規制しているのです（第三章参照）。

3　無償の行為

この法律で対象となる寄附とは、当然のように、「無償の権利移転」や「無償の利益供与」をいい、「有償の権利移転」や「有償の利益供与」は除かれます。

たとえば、神仏像、神仏画、神仏壇、法神具、聖経典、法衣、絵画、書籍などの売買として代金を支払い、売買として土地家屋、知的財産権、営業権、美術品などを引き渡す行為は対象外です。

売買のほかにも、交換、賃貸借、寄託などがあり、運送、通信、放送、新聞、電気、ガス、水道、供覧、遊興、飲食、警備、管理、教育、介護などの役務の提供もあります。

要するに「見返り」のあるものは除くということです。

そこで問題となるのが、「寄附金付き郵便葉書」のように、有償の行為に付加された寄附です。

郵便葉書のように、本体の価格が明確にされている場合には、その余の付加額が寄附金であると分かりますが、そうでない場合には、寄附金が付加されているのか、寄附金額がいくらなのか、判然としません。

著名な芸能人、カリスマ的な経営者、崇敬されている教祖教主などの書画や著作の場合、一点数百万円、一冊数千万円とされても、全額が売買代価なのか、寄附金が付加されているのか判然としません。

厄除除霊や悪霊退散などの効果が期待される聖宝塔や聖大壺など、商売繁盛、病気治癒、家内安全、交通安全などが祈願されている護符や聖書画など、その判断は困難です。

4　「個人から個人へ」の寄附は対象外

この法律で規制の対象としている寄附は、「個人から法人等へ」の寄附に限られていますから、「個人から個人へ」の寄附は対象外となります。

たとえば、①個人の政治家、研究者、社会運動家、ボランティア活動家などへの寄附や、②個人の霊媒師、呪術師、除霊師、宗癒師、占い師などへの寄附などです。

また、③宗教団体に属している個人である宮司、住職、牧師、布教師、御師、伝道師、宣教師などへの寄附も、その個人に宛てたものであって宗教団体に宛てたものでない場合には、この法律の適用外となります。

その場合、宗教団体によっては、宗教職が個人として受領した献金や寄附金は全額（または一定率）を宗教団体に納付すべきものとされているとしても、「個人へ」であって「法人等へ」ではないので適用されることはありません。

もっとも、宗教団体に納付されることを知って、いわば宗教団体の代理人的な立場と考えて、当該宗教職に寄附したのであれば、この法律の適用を受けることになるものと考えられます。

5 「法人等から法人等へ」の寄附は該当しない

(1) 序

この法律で規制の対象としている寄附は、「個人から法人等へ」の寄附に限りますから、「法人等から法人等へ」の寄附は対象外となります。

(2) 企業等からの寄附

株式会社、合同会社、協業組合、医療法人、学校法人、社会福祉法人などから為された寄附は、この法律の適用外です。

そもそも、この法律は、個人の信者等が強いられた寄附による被害を救済することも目的としていますから、収支損益の感覚をもって、責任ある役員の判断の下でなされる企業等法人の寄附はその対象外とされているのでしょう。

もっとも、個人で行なってきた商業、農業、漁業、工業、建設業、製造業などを法人化した、いわゆる個人会社の場合、形式的には法人等ですが、実質的には個人という性格が強く、個人との区別が十分でなく、個人との一体性が強い場合には、個別の判断が必要になるでしょう。

問題になると思われるのが、「個人から」の寄附を回避するために、当該法人等による寄附の勧誘に際して、個人の行なっている事業を法人化して、その法人から寄附させることです。

あるいは、寄附の勧誘に際して、個人の財産権を当該個人の法人に移したうえで、その法人から寄附させることです。

第3章 法人等の配慮義務と禁止行為

この法律は、法人等に、寄附の勧誘を行なうにあたって、個人の自由な意思を抑圧しないこと、判断が困難な状態に陥らせないこと、その個人や扶養者の生活を困窮させないこと、そして、その使途を誤解させないことなどの配慮義務などを課しています。しかし、多くの宗教がしばしば説く、そんなことをしていては地獄に堕ちる、悪因縁を作る、あるいは徳を積むと天国に行けるなどという教えは、悪因の結果を恐れ善因を積もうとして寄附をする信者に対する脅しだと判断されかねない危険があります。この法律はあらゆる宗教活動を否定しかねないのです。

Ⅳ　配慮義務

第三条　法人等は、寄附の勧誘を行うに当たっては、次に掲げる事項に十分に配慮しなければならない。

一　寄附の勧誘が個人の自由な意思を抑圧し、その勧誘を受ける個人が寄附をするか否かについて適切な判断をすることが困難な状態に陥ることがないようにすること。

二　寄附により、個人又はその配偶者若しくは親族の生活の維持を困難にすることがないようにすること。

三　寄附の勧誘を受ける個人に対し、当該寄附の勧誘を行う法人等を特定するに足りる事項を明らかにするとともに、寄附される財産の使途について誤認させるおそれがないようにすること。

第六条　内閣総理大臣は、法人等が第三条の規定を遵守していないため、当該法人等から寄附の勧誘を受ける個人の権利の保護に著しい支障が生じていると明らかに認められる場合において、更に同様の支障が生ずるおそれが著しいと認めるときは、当該法人等に対し、遵守すべき事項を示して、これに従うべき旨を勧告することができる。
2　内閣総理大臣は、前項の規定による勧告をした場合において、その勧告を受けた法人等がこれに従わなかったときは、その旨を公表することができる。
3　内閣総理大臣は、第一項の規定による勧告をするために必要な限度において、法人等に対し、第三条各号に掲げる事項に係る配慮の状況に関し、必要な報告を求めることができる。

1　配慮義務

法人等が寄附の勧誘を行なう場合には、①個人の適切な判断を困難にしないこと（判断困難の防止）、②個人とその配偶者や扶養家族の生活の維持を困難にしないこと（生活困難の防止）、③法人等の明示と寄附の使途を誤認するようにしないこと（使途誤認の防止）について「十分に配慮すること」が求められています。

2　判断困難の防止

(1)　序

第一に、個人の自由な意思を抑圧し、寄附に関して適切な判断をすることが困難な状態に陥らないようにする配慮義務です。

(2)　自由な意思の抑圧

通常の人は、組織や多数人で強く迫られたり、生命、身体、財産に生じる危険を告げられたり、強引な言辞や粗暴な態度で迫られると、平常心を失い、正常な判断や返答に窮してしまいます。

民法上「強迫」に当たれば、意思表示は取り消すことができますが、それ以前の段階で、寄附の勧誘を行なう法人等に配慮義務が課されているということです。

「自由な意思を抑圧する」こととは、たとえば、反社会的な組織や人物を名乗り、暴力や凶器などを明示または暗示し、社会慣習を逸脱した多人数で押しかけ、暴言や大声を発し、生命、身体、財産に不利益が及ぶことを明言または黙示するなどすることです。

(3)「地獄に堕ちる」などという言辞

「自由な意思を抑圧する」ことには、宗教団体が「先祖の因縁」「先祖の供養」「地獄に堕ちる」「不幸になる」という言辞を告げ、その教義を論述することもこれに当たるということも説明されています。

しかし、それらの事項は、すべての宗教にとって、重要な宗教上の教理や教義の一部ですから、到底、看過することができません。

基本的に、「宗教」は、現実世界における立身出世や経済的利得などを講じるものではなく、現世の倫理や道徳を説くものでもなく、この世界を超えた神仏の教えに従い、その御旨をひろめ、神仏への礼拝祈祷等を行ない、信者を教化育成するものです。

唯物論の世界観に立つ者にとっては寸分の理解もできないことでしょうが、宗教を否定した反宗教的な説明が許されるものではありません。

仏教では、死後、閻魔大王ほか十王の審判を受け、罪の重い者は地獄に堕とされるとされており、猶太《ユダヤ》教、基督《キリスト》教、イスラームでは、人類は、創造直後から神に背く罪によって地獄に堕ちることが定められ、その救済としての信仰が展開されています。

古来、日本の仏教では、地獄絵などによって死後の地獄の説教が布教の重要な位置を占めていました。

基督教やイスラームにおいても地獄の教説が宣教、伝道、礼拝説教、信徒教育、幼児教育、児童教育で重要な位置を占めております。

筆者も、教会の礼拝説教や信徒セミナーで、何度も地獄のテーマを扱ったことがあります。

3　生活困難の防止

(1)　序

第二は、寄附をすることによって、本人、その配偶者や扶養義務のある親族の生活の維持を困難にすることがないようにする配慮義務です。

(2) 配偶者

配偶者とは、婚姻届を出して、本人の夫または妻になっている者です。夫婦には扶助の義務があります（民法第七五二条）から、本人の寄附によって、配偶者の生活の維持を困難にすることは、夫婦の扶助義務の違反となります。

この法律の配慮義務は、そのような事態に陥ることを未然に防止するための規定といえます。

しかし、戸籍上は配偶者となっていても、事実上離婚の状態にある者については、その事情により、適用の必要がないことも考えられます。

なお、婚姻届を提出していないけれども事実上夫婦の関係にある内縁の配偶者は、ここにいう「配偶者」に含まれませんが、事情により、配偶者として適用するのが適切なように思われます。

二〇一五年（平成二十七年）に東京都渋谷区と世田谷区から始まり、現在二百四十以上の地方公共団体で為されている、いわゆる同性婚を認証等するパートナーシップ制度による認証等を受けているとしても、そのパートナーは配偶者とは認められません。

(3) 直系血族

本人が扶養の義務を負う親族としては、直系血族、兄弟姉妹、三親等内の親族があります（民法第八七七条第一項、第二項）。

「血族」とは、親子の関係で繋がる親族のことです。血族に対しては、婚姻関係で繋がる親族としての「姻族」があります。

「直系」とは、祖父母—父母—本人—子—孫というように、系図を書くと、上下の縦の線で繋がる関係のことをいいます。それに対して、兄弟姉妹、従兄弟姉妹など、父母や祖父母などを介して、横に繋がる関係のことを「傍系」といいます。

したがって、「直系血族」とは、本人を基本にして、上に向かっては、父母、祖父母、曽祖父母など、下に向かっては、子、孫、曾孫、玄孫などのことです。

この直系血族については、同居しているか否かを問わず、扶養の義務を負います（民法第八七七条第一項）から、その生活の維持を困難にすることがないように求められているものです。

現代社会の実際の場面では、父母と子と考えられます。

(4)　兄弟姉妹

「兄弟姉妹」とは、父または母を同じくする者です。同居しているか別居か、生計の方法などの区別はありません。

現代社会では、婚姻すれば別居し、独立の生計を営むのが一般的ですから、扶養の義務を負うのは、兄弟姉妹が負傷、疾病、解雇、破産などによって生計が立てられないか困難になった場合でしょう。

(5)　三親等内の親族

「三親等内の親族」とは、血族である父母、祖父母、曽祖父母、子、孫、曾孫、兄弟姉妹、兄弟姉妹の子、従兄弟姉妹と、姻族である義父母、義祖父母、義曽祖父母、義兄弟姉妹、義兄弟姉妹の子、義従兄弟姉妹をいいます。

三親等内の親族の扶養義務は、常にあるわけではなく、特別の事情があるときに家庭裁判所の決定によって発生します（民法第八七七条第二項）。

4　使途誤認の防止

(1)　序

第三に、寄附の勧誘を行なう法人等を明示し、寄附の使途を誤認させるおそれがないようにする配慮義務です。

(2)　寄附勧誘を行なう法人等の明示

「寄附の勧誘を行なう法人等」を特定するに足りる事項とは、名称と事務所ですが、ほとんどの場合は名称だけで十分でしょう。

寄附の勧誘であって、押売りや詐欺商法などではないのですから、自分の身分を明らかにしない者はないでしょうから、所属の法人等の名称が告げられないことはないでしょう。

ここで「寄附の勧誘を行なう法人等」とは、現に寄附の勧誘を行なっている法人等をいいますから、当該法人等の上部団体であって最終的に当該寄附を処分する権限を有する法人等が明らかになるとは限りません。

下部の組織である人格のない社団等が寄附の勧誘を行ない、集めた寄附は全額、上部の法人等に寄附する場合であっても、その法人等を明示することまでは必要はありません。

(3) 寄附の使途誤認の防止

その上で、寄附される財産の使途を誤認させるおそれがないようにしなければなりません。

「使途を誤認させる」とは、誤った情報を伝え、または必要な情報を伝えないで、勧誘を受けた個人が使途を誤って認識し、寄附に応じるように仕向けることをいいます。

5 「法人等が行なう」のでない勧誘

(1) 序

この法律で規制されているのは「法人等が行なう」寄附の勧誘ですから、「法人等が行なうのでない」寄附の勧誘は対象外となります。

(2) 個人の占い師などが寄附を推奨

この法律が規制の対象としているのは「法人等が行なう」寄附の勧誘ですから、「法人等でない」個人の占い師、霊媒師、呪術師、除霊師などが行なう寄附の勧誘は、対象外です。占い師などが個人に対して、問題の解決方法として、「法人等への寄附」を推奨したとしても、占い師などが法人等の代理人や受託者でなければ、この法律は非適用です。

仮に、占い師などが、結果的に、法人等からバックマージンを受けたとしても同様ですが、バックマージンを受けることを前提に寄附の勧誘を行なった場合には、法人等の代理人や受託者として行なったことになるでしょう。

この占い師などが法人等に所属の占い師などであるとしても、単に法人等に所属し、法人等から指導を受ける関係にあるに留まる場合には非適用と考えられますが、状況により、法人等の行為とみなされることもありましょう。

(3) 特定の名称を出さない推奨

個人の占い師などが、法人等から受託して、法人等への寄附を推奨しているのであれば、「法人等による寄附の勧誘」となります。

その場合には、占い師などは当該法人等の名称を出さなければならず、それを秘していると配慮義務違反となります。

しかし、巧妙に、その点を伏して、占い、霊媒、呪術、除霊などによる指示として、当該法人等の名を出さないものの実質的に当該法人等を指定している場合はどうでしょうか。

たとえば、「鬼門に当たる北方向で、災厄の数に相当する五kmの位置にある招福の像の施設に寄附するように」とか、「外国人の怨霊が憑いているので、当該国の団体の日本支部に寄附するように」などと指示して、特定の法人等を指定するなどです。

6 配慮義務の違反

(1) 遵守勧告

法人等に①配慮義務の違反があって、個人に②権利保護の著しい支障が生じており、今後、さらに③同様の支障が生じるおそれが著しい場合には、内閣総理大臣（消費者庁長官）が法人等に遵守勧告をすることが予定されています。

ただし、そのためには、個人の権利保護に生じている支障が「著しい」ことが「明らかに認められる」必要があり、同様の支障の生じるおそれが「著しい」ことが求められていますから、勧告が安易に出されることはありません。

そのことから、内閣総理大臣（消費者庁長官）は、事前に、法人等の活動状況を把握する必要がありますから、法人等の活動に関する調査権限があるように思われますが、それは誤りです。

特に、宗教団体や宗教法人の場合、その活動を調査することは信教の自由を侵害することになりますから、絶対に許されません。

寄附が法人等の活動に重要な役割を果たすものであることに留意し、学問の自由、信教の自由、政治活動の自由に十分に配慮しなければならない旨が定められている通りです（第十二条）。

(2) 遵守事項

この勧告（遵守勧告）には、特定の遵守すべき事項（遵守事項）を示して、それに従うべき旨が記されています。

一般的に「配慮義務の遵守」が求められるのではなく、特定の「遵守事項の遵守」が求められているのです。

「配慮義務の遵守」は、この法律によって、すべての法人等に求められているからです。問題とされた法人等に対しては、「配慮義務の遵守」は当然として、特に遵守すべき「遵守事項」を特定して、違法状態の改善が求められているものです。

したがって、「遵守事項」としては、特に当該法人等にとって問題となる、具体的な事項が特定されることが想定されます。

(3) 報告の徴取

そのため、内閣総理大臣（消費者庁長官）は、遵守勧告をするために必要な限度で、法人等に対して、三つの配慮義務の事項についての「配慮の状況」に関する必要な報告を求めることができるものとされています。

この報告の徴取ができるのは、「遵守勧告に必要な限度」とされていますから、法人等一般や無為抽出した法人等に報告を求めることはできません。

なお、法人等には、報告に応じる義務が定められているわけでありませんから、法人等が報告をするか否かは法人等の任意となります。

ただ、この報告の求めをすることは、法人等に対して遵守勧告を準備中であることを予告するようなものですから、あえて勧告するまでもなく、法人等に自主的な改善を促すという効果も期待されます。その場合、法人等は、配慮義務違反の是正や個人の被害等の回復をも含めて報告することになるでしょう。

とはいえ、報告を求められて、逆に開き直られる場合も想定されます。「報告を求められた」ということは、当該法人等に①配慮義務違反があって個人の権利保護に著しい支障の発生が「明らかに認められ」、②同様の支障が生じるおそれが「著しいと認める」という通告でもあるからです。

求められた報告に応じない場合、法人等に向けられる社会的な打撃は極めて大きなものでしょうし、法人等の内部に生じる心理的効果も大きなものと想定され、事実上の強制ともなります。

問題となるのは、なにゆえ、報告を求めた段階で社会的打撃が発生するかということです。当該法人についての公表は、遵守勧告に従わなかったときに限り、報告に応じなかった時でもなく、まして、報告を求めたときではないからです。

つまり、内閣総理大臣（消費者庁長官）が「法律外の公表」「違法の公表」をして、特定の法人等を窮地に追いやっていることになってしまうからです。威力業務妨害ともなりかねないことです。

(4) 遵守勧告の違反

遵守勧告に法人等が従わないときは、内閣総理大臣（消費者庁長官）は、その旨の公表（遵守勧告違反の公表）をすることができます。

この段階で、初めて、報道機関も、国民も、当該法人に遵守勧告が発せられたとこと、当該法人がそれに従わなかったことを知るに至るはずです。

ところが、実際の場面では、報告を求める段階で「事実上の公表」がなされ、報告しなかった段階で「事実上の公表」がなされ、遵守勧告がなされた段階で「事実上の公表」がなされることになるのではないかと危惧します。

遵守勧告違反に対する罰則はありませんが、その事実が公表されることによる社会的損失をもって、改善を期待しているのでしょう。

V　禁止行為

第四条　法人等は、寄附の勧誘をするに際し、次に掲げる行為をして寄附の勧誘を受ける個人を困惑させてはならない。

一　当該法人等に対し、当該個人が、その住居又はその業務を行っている場所から退去すべき旨の意思を示したにもかかわらず、それらの場所から退去しないこと。

二　当該法人等が当該寄附の勧誘をしている場所から当該個人が退去する旨の意思を示したにもかかわらず、その場所から当該個人を退去させないこと。

三　当該個人に対し、当該寄附について勧誘をすることを告げずに、当該個人が任意に退去することが困難な場所であることを知りながら、当該個人をその場所に同行し、その場所において当該寄附の勧誘をすること。

四　当該個人が当該寄附の勧誘を受けている場所において、当該個人が当該寄附をするか否かについて相談を行うために電話その他の内閣府令で定める方法によって当該法人等以外の者と連絡する旨の意思を示したにもかかわらず、威迫する言動を交えて、当該個人が当該方法によって連絡することを妨げること。

五　当該個人が、社会生活上の経験が乏しいことから、当該寄附の勧誘を行う者に対して恋愛感情その他の好意の感情を抱き、かつ、当該勧誘を行う者も当該個人に対して同様の感情を抱いているものと誤信していることを知りながら、これに乗じ、当該寄附をしなければ当該勧誘を行う者との関係が破綻することになる旨を告げること。

六　当該個人に対し、霊感その他の合理的に実証することが困難な特別な能力による知見として、当該個人又はその親族の生命、身体、財産その他の重要な事項について、そのままでは現在生じ、若しくは将来生じ得る重大な不利益を回避することができないとの不安をあおり、又はそのような不安を抱いていることに乗じて、その重大な不利益を回避するためには、当該寄附をすることが必要不可欠である旨を告げること。

第五条　法人等は、寄附の勧誘をするに際し、寄附の勧誘を受ける個人に対し、借入れに

より、又は次に掲げる財産を処分することにより、寄附をするための資金を調達すること
を要求してはならない。
一　当該個人又はその配偶者若しくは親族が現に居住の用に供している建物又はその敷地
二　現に当該個人が営む事業の用に供している土地若しくは土地の上に存する権利又は建物その他の減価償却資産であって、当該事業の継続に欠くことのできないもの
第七条　内閣総理大臣は、第四条及び第五条の規定の施行に関し特に必要と認めるときは、その必要の限度において、法人等に対し、寄附の勧誘に関する業務の状況に関し、必要な報告を求めることができる。
2　内閣総理大臣は、法人等が不特定又は多数の個人に対して第四条又は第五条の規定に違反する行為をしていると認められる場合において、引き続き当該行為をするおそれが著しいと認めるときは、当該法人等に対し、当該行為の停止その他の必要な措置をとるべき旨の勧告をすることができる。
3　内閣総理大臣は、前項の規定による勧告を受けた法人等が、正当な理由がなくてその

勧告に係る措置をとらなかったときは、当該法人等に対し、その勧告に係る措置をとるべきことを命ずることができる。

4　内閣総理大臣は、前項の規定による命令をしたときは、その旨を公表しなければならない。

1　禁止行為

法人等は、寄附の勧誘を行なうに際しては、次の行為（禁止行為）をして、寄附の勧誘を受ける個人を困惑させてはなりません。

① 退去を求められて退去しないこと（不退去）

② 退去の意思を示されて退去させないこと（退去阻止）

③ 勧誘の旨を告げずに退去困難な場所に同行して勧誘すること（拘束勧誘）

④ 威迫言動により外部への電話等での相談を妨げること（外部連絡阻止）

⑤ 恋愛感情等を利用して勧誘すること（恋愛勧誘）

⑥　霊感による将来の不安を煽り勧誘すること（霊感勧誘）

ここで禁止されているのは、「禁止行為をすること」ではなく、「禁止行為を行なって個人を困惑させること」です。したがって、禁止行為を行なっても、個人が困惑しなければ、禁止行為の違反とはなりません。

その点は、寄附の意思表示の取消し（第八条）の際にも通じ、寄附の意思表示の取消しができるのは、法人等が「禁止行為をした」場合ではなく、「禁止行為をしたことで個人が困惑した」場合です。言うまでもありませんが、意思表示の取消しですから、意思表示をしていなければ適用の余地はありませんので、「困惑した結果、寄附の意思表示をした」場合に限られています。

なお、消費者契約法には、事業者が次の行為をしたことにより消費者が困惑して契約の意思表示をしたときは、これを取消すことができる旨の規定があります（第四条第三項）。

①　退去を求められて退去しないこと（不退去）
②　退去の意思を示されて退去させないこと（退去阻止）
③　社会生活上の経験が乏しいことから、進学、就職、結婚、生計など社会生活上の

重要事項や容姿、体型など身体の特徴や状況に関する重要事項の不安を知りながら、不安を煽り、契約が願望に必要と告げること（願望商法）

④　恋愛感情等を利用して勧誘すること（恋愛商法）

⑤　加齢、心身の故障による判断力の著しい低下により生活の維持に過大な不安を抱いていることに乗じ、不安を煽り、契約が必要と告げること（不安商法）

⑥　霊感による将来の不安を煽り勧誘すること（霊感商法）

⑦　契約の意思表示前に契約上の義務を実施し、原状回復を困難にすること（契約前履行）

⑧　契約の意思表示前に事業活動を実施し、特別の求めに応じたとして損失補償を請求する旨告げること（契約前活動）

このうち、①②④⑥がこの法律に引き継がれています。

消費者契約法においても、この法律と同様に、事業者が禁止行為を行なったことではなく、行なったことで消費者が困惑したことが問題とされています。

したがって、禁止行為を行なえば、通常は個人が困惑するでしょうが、行なったとしても、個人が困惑することがなければ問題とはならないということになります。困惑していないので保護の必要がないからです。

なお、本書では、便宜上、これらを「禁止行為」としましたが、本来の禁止行為とは、「困惑させる」ことですから注意してください。

したがって、厳密に言えば、ここで「禁止行為」とした行為が禁止されているわけではありませんが、これらの行為は困惑に繋がりますから、これらの行為が禁止されている「禁止行為」であるとも言えます。

2　不退去と退去阻止など

(1)　不退去

禁止行為の第一は「不退去」です。寄附の勧誘を受けている個人から「退去するように」「出て行って」「帰って」と求められたのに、退去しない（出て行かない、帰らない）ことです。

適用されるのは、法人等が個人に対する寄附の勧誘のため、個人の住居や個人が業務を行なっている店舗、事務所、工場、農地、工事現場などに出向いた場合です。

個人の住居や個人の事務所などは個人が使用の権限を有していますから、個人の許可なく、入ったり、居座ったりすることはできません。当然、個人から退去を求められたら退去しなければなりません。

要求を受けて退去しなければ、「不退去罪」を構成し、三年以下の懲役または十万円以下の罰金に処せられることとなります（刑法第一三〇条）。

また、その場所が、個人の事務所などではなく、個人が従業員として勤務する場所や個人が業務を行なうために訪れた場所であるなら、その場所を管理する者の許可が必要です。多くの場合は、その権限の一部が個人に委ねられているでしょう。

禁止されているのは、「住居」や「業務を行なっている場所」とされていますから、業務外の「休憩を行なっている場所」や「娯楽」「遊興」「飲食」「宿泊」などの場所なら除外されることになります。

「歩行中の路上」や「通勤中の電車内」なども含め、住居や業務場所またはその延長線上で捉えることはできないか考察の余地がありそうです。

(2)　退去阻止

禁止行為の第二は「退去阻止」です。寄附の勧誘を受けている個人から「退去したい」「帰りたい」と告げられながら、退去させないことです。

個人が、法人等の事務所や関連施設において、または、法人等の指定や合意による会議室、集会場、カフェ、ラウンジ、飲食店、宿泊施設などにおいて、寄附の勧誘を受けている場合に、勧誘を受けることを拒んで退去したい場合の規定です。

個人が退去を求めたのに退去させないと、監禁罪として、三月以上七年以下の懲役に処せられます（刑法第二二〇条）。

個人がその場所に同席することになったのが、偶然であれば、いつでも退去できるはずですが、一定の同意をして来たのであれば、それなりに話に応じる義務があるようにも感じられます。

とはいえ、同意したのが、寄附の勧誘が想定されない、進学や就職、事業の展開や取引、社会情勢、恋愛、趣味や娯楽、スポーツなどに関する話題であった場合には、寄附の勧誘に移った段階で切り上げることに何の問題もありません。

問題となるのは、寄附の勧誘が想定される場への同行に同意した場合でしょう。そのような場合でも、個人保護の趣旨から、法人等に対して、個人が退去を申し出たら退去させるよう求めているわけです。

(3) 退去困難な場所での勧誘

禁止行為の第三は、勧誘の旨を告げずに、任意退去の困難な場所に同行して寄附を勧誘すること（拘束勧誘）です。

任意に退去することが困難な場所とは、法人等の施設で部外者が自由に退出できそうにない所、施錠された部屋、多数人に囲まれた環境などが想定されます。航海中の船舶、航行中の航空機、走行中の長距離列車などの中や、離島、山岳地、原野、原生林、田園地帯、過疎地などにある場所など、ある程度の行動の自由はあっても自宅に戻ることが困難な環境も同様でしょう。

禁止行為の第一は「退去しない」こと、第二は「退去させない」ことですが、第三は、退去困難な場所に「同行する」ことではなく、同行して「勧誘する」ことです。したがって、そのような場所に同行したとしても、寄附の勧誘を行なわなければ禁止行為には当たりません。この法律の目的は寄附の不当勧誘の防止にありますから、具体的な寄附の勧誘が行なわれない限り、禁止されることはないということです。

(4) 外部連絡の阻止

禁止行為の第四は「外部連絡の阻止」です。

寄附の勧誘を受けている個人が、寄附をするかどうかの相談を第三者にするために、電話などで連絡をしたいと伝えたのに、威迫する言動で連絡することを妨げることです。

相談の電話をしたいということなので、法人等の施設など、自宅など以外の場所で寄附の勧誘を受けている状況が想定されますが、自宅などで勧誘を受けている場合であっても、同居していない親族や、友人、専門家などと相談したいという場合もあるでしょう。

連絡の方法は、電話（携帯電話、有線電話）のほか、内閣府令で定めるものとされています。

「威迫《いはく》する言動」とは、相手を威圧し、脅迫し、その意思を挫くような強い言葉や態度のことです。刑法では、正当な理由がないのに、証人等に面会を強請し、強談《ごうだん》威迫《いはく》の行為をすることを「証人等威迫罪」としています（第一〇五条の二）。

ただし、「威迫する言動」によって個人の意思を挫き、外部と連絡するのを妨げることが禁止事項ですから、強力な電磁波や妨害電波の発信など、「威迫する言動」によらないで妨げることは禁止事項に当たらないことになります。

あえて、連絡方法を特定する必要もないように思われますので、連絡方法を特定するまでもなく、単に、外部との連絡を妨げる行為を禁止行為とすればよいのではないかという気もします。

3 恋愛勧誘と霊感勧誘

(1) 恋愛勧誘

禁止行為の第五は「恋愛勧誘」です。消費者契約法の「恋愛商法」に倣うものです。寄附の勧誘にあたって、法人等の担当者が個人に特別と思わせる対応で接触することから、社会生活上の経験が乏しい個人が担当者に恋愛感情などの好意を抱き、担当者も自己に同様の感情を抱いているものとの誤信に乗じて、その関係の破綻を匂わせて、寄附を約束させることです。

商品の販売や役務の提供に関する契約締結を求める商法の場合、「社会生活上の経験が乏しい」独身者の若者を狙って、恋愛感情など好意の感情を利用して、契約締結を迫ることが盛んに行なわれ、問題となっていますが、公益的な意味合いの強い寄附の勧誘には必ずしもそぐいません。

寄附の勧誘であれば、逆に、「社会生活上の経験が豊かな」青年実業家、壮年事業者、学者文化人や中高齢者が狙い目でしょう。事実、そのような人の被害が多数に及んでいます。

とすれば、「社会生活上の経験が乏しいことから」が禁止行為の要件とされていることから、「社会生活上の経験が豊かな」個人に対する行為は適用外と考えてよいということなのか疑問です。

恋愛感情などの誤解から誤った意思表示をしてしまうことは、「社会生活上の経験が乏しい」者に限られるものではなく、「社会生活上の経験が豊かな」者にも多々あることです。誤解を誘引して不当な意思表示をなさせることを禁止する禁止行為の性質上、「社会生活上の経験が乏しいことから」という言辞は不適切に感じられます。

なお、この法律では、もっぱら「恋愛感情その他の好意の感情の関係」のみが規制の対象とされていますから、受験対応、学生交流、労働問題、営業対策、育児教育、結婚相談、家庭問題、健康対策、病気療養、生活支援などでの関係は対象外となります。

(2) 霊感勧誘

禁止行為の第六は「霊感勧誘」です。消費者契約法の「霊感商法」に倣うものです。寄附の勧誘にあたって、「霊感」などの特別な能力による知見として、個人やその親族の生命、身体、財産などに重大な不利益が生じる旨を告げて、不安を煽り、不安に乗じて、寄附を求めることです。

「霊感商法」は、災厄回避のために、高額の壺、水晶玉、印鑑、多宝塔、護符、数珠、書籍、衣類、薬品、食品、器具などの購入や、診断、治療、除霊、厄除、祈祷などを受けること、参拝、参集、受講などをすることを求めるものです。

「霊感勧誘」は、災厄回避のために必要不可欠であると告げ、寄附を求めるものです。

なお、「霊感」の問題が、前項の恋愛感情その他の好意の感情や、受験対応、学生交流、労働問題、営業対策、育児教育、結婚相談、家庭問題、健康対策、病気療養、生活支援などに関わる場合には、その行為が「寄附」と断じて良いのか慎重に吟味する必要があるでしょう。

(3) 宗教活動への波及

後述の通り、宗教団体における献金等はこの法律でいう寄附とは次元の異なるものですが、その点を捨象して、この規定が宗教団体の諸活動に適用されることが危惧されます。

宗教団体においては、各宗教の教義により異なるものの、人間の行動、社会の事象、自然の現象などが、神の御意、聖霊の導き、悪魔の行為、悪霊の働き、怨霊の憑依などに支配されていると考え、災厄の排除、人間行動の規律、幸福の追求などに神の霊感を受けた宗教職の働きが期待されています。

結婚式、葬式をはじめ、妊娠、出産、育児、入学、進学、受験、就職、起業、病気、負傷、事故、地鎮、着工、棟上、自動車、機器、旅行、収穫、販売、選挙、芸能、芸術、年末、年始など、あらゆる機会に祈祷、注霊、除霊、宗癒などが必要とされ、それに対応した献金等がなされるものです。

「生命を得る」「幸福になる」「成功する」などや、「地獄に堕ちる」「生命を失う」「害悪が及ぶ」「失敗する」などの表現で、説教や説明がなされ、献金等の必要が説かれることも少なくありません。

この法律の霊感勧誘の禁止が宗教団体の宗教行為に適用されるとしたら、すべての宗教団体の宗教活動が禁止されることになってしまいます。

この法律は、信教の自由に十分な配慮を求めていますが、特定の宗教団体の活動による被害者の救済を前提としていることで齟齬が生じていますし、「霊感」という宗教用語を用いることが配慮を欠くものとなっています。

4 資金調達の要求

法人等は、資金力のない個人に対して、①「借金をして寄附するように」とか、②「財産を処分して寄附するように」などと求めてはなりません。

個人が自主的に借金したり、財産を処分して資金を作って寄附をすることは、直接の禁止事項ではありませんが、状況により、この規定が適用されることもあるでしょう。

処分の禁止される財産としては、次のものが定められています。

㋑「個人とその配偶者や扶養親族が現に居住している（現住の）」建物やその敷地（現住家屋等）

㋺「個人とその配偶者や扶養親族の生活の維持にその継続が欠かせない（生業の）」個人の営む事業用の土地、土地の上の権利、建物と減価償却資産であって事業継続

に不可欠なもの（生業用資産）

したがって、この㋑現住家屋等や㋺生業用資産以外の物品や権利については、処分して資金を作るよう求めたとしても、この禁止には当たりません。

たとえば、次のようなものが考えられます。

Ⓐ 現住家屋等にある、家具、家電品、自動車、衣類、寝具、装飾品、装身具、宝石、美術品、骨董品、健康器具、娯楽用品、食品

Ⓑ 現住家屋等でない、別荘、娯楽用の建物、投資目的で所有する土地、ヨット、家庭菜園

Ⓒ 事業用でない、田、畑、山林、牧草地、牧場

Ⓓ 生業でない個人の営む事業用の土地、土地の上の権利、建物と減価償却資産

Ⓔ 生業用資産以外の事業用資産

Ⓕ 株式、債券、著作権、知的財産権

5　禁止行為の違反

(1)　報告の徴取

禁止行為に関する規定の施行上、特に必要と認めるときは、内閣総理大臣（消費者庁長官）は、その必要の限度で、法人等に対し、寄附の勧誘に関する業務の状況に関し、必要な報告を求めることができます。

配慮義務に関する報告を求めることができるのは配慮義務の違反が明らかであって遵守勧告をするために必要な限度においてですが、禁止行為に関する報告は、禁止行為に関する規定の施行上、特に必要と認めるときです。

(2)　措置勧告

法人等が、不特定または多数の個人に対して、禁止行為に違反する行為をしていると認められ、引き続いてその行為をするおそれが著しいと認めるときは、内閣総理大臣（消費者庁長官）は、法人等に対して、その行為の停止その他の必要な措置をとるべきことを勧告することができます（措置勧告）。

(3) 措置命令

措置勧告を受けた法人等が、正当な理由がなく、措置勧告の措置をとらなかったときは、内閣総理大臣（消費者庁長官）は、法人等に対して、措置勧告の措置をとるべきことを命ずることができます（措置命令）。

そして、措置命令をしたときは、内閣総理大臣（消費者庁長官）は、その旨を公表しなければなりません。

第4章 寄附の取消しと法律の運用

法人等が寄附の勧誘に際して「禁止行為」をしたことで、個人が困惑して寄附の意思表示をしてしまった場合には、個人は、その意思表示を取り消すことができます。この法律は、概ね二年後に、施行状況や経済社会情勢を勘案して、見直しや措置を講じるものとされています。取り消しできるのは、禁止行為が「恋愛勧誘」「霊感勧誘」の場合は、勧誘の影響がなくなり正しく判断できるようになった時から三年、寄附の時から十年です。

Ⅵ　寄附の取消し

第八条　個人は、法人等が寄附の勧誘をするに際し、当該個人に対して第四条各号に掲げる行為をしたことにより困惑し、それによって寄附に係る契約の申込み若しくはその承諾の意思表示又は単独行為をする旨の意思表示をしたときは、当該寄附の意思表示を取り消すことができる。

2　前項の規定による寄附の意思表示の取消しは、これをもって善意でかつ過失がない第三者に対抗することができない。

3　前二項の規定は、法人等が第三者に対し、当該法人等と個人との間における寄附について媒介をすることの委託をし、当該委託を受けた第三者が個人に対して第一項に規定する行為をした場合について準用する。

4　寄附に係る個人の代理人、法人等の代理人及び受託者等の代理人は、第一項の規定の適用については、それぞれ個人、法人等及び受託者等とみなす。

第九条　前条第一項の規定による取消権は、追認をすることができる時から一年間（第四条第六号に掲げる行為により困惑したことを理由とする同項の規定による取消権については、三年間）行わないときは、時効によって消滅する。寄附の意思表示をした時から五年（同号に掲げる行為により困惑したことを理由とする同項の規定による取消権については、十年）を経過したときも、同様とする。

1　寄附の意思表示の取消し

(1)　禁止行為による取消し

法人等が寄附の勧誘に際して「禁止行為」をしたことで、個人が困惑して寄附の意思表示をしてしまった場合には、個人は、その意思表示を取り消すことができます。

ただし、その意思表示が、消費者契約法による「消費者契約」に該当する場合には、消費者契約法が適用となることから、この法律による取り消しの対象とはなりません。

「取消し」とは、行なった法律行為（意思表示）を最初から無効であったものとする行為で、相手方への意思表示（通知）によって効力を生じます。

寄附によって法人等または第三者への金銭や物品その他の財産上の権利の移転は無効となり、個人に取り戻されることになります。

「禁止行為」としては、①不退去、②退去阻止、③拘束勧誘（退去困難な場所での勧誘）、④外部連絡の阻止、⑤恋愛勧誘、⑥霊感勧誘のいずれか一で該当します。二以上が行なわれたとしても変わることはありません。

(2) 民法による取消し

この法律で定められた取消しのほか、民法において、取り消しできる場合が規定されており、この法律の寄附にも適用されます。

第一に、意思表示に対応する意思を欠く錯誤があり、その錯誤が重要な場合です（民法第九五条）。個人が、形式的に、寄附の意思表示をしたとされていますが、実は、寄附をするという意思がなかったというような場合です。

第二に、法律行為の基礎とした事情についての認識が真実に反する錯誤があり、その錯誤が重要な場合です（民法第九五条）。個人が法人等に寄附の意思表示をしたものの、寄附をした事情が真実に反していたというような場合です。

第三に、詐欺による意思表示です（民法第九六条）。「詐欺」とは、人を欺罔《ぎもう》して（欺いて、騙して）錯誤に陥れることです。法人等が寄附に関して、個人を欺罔して、寄附をさせたなどの場合が該当します。

第四に、強迫による意思表示です。「強迫」とは、人を強いて意思表示させることです。法人等が、個人の意思表示を強いるような強い言辞や多人数による威迫などをして、個人が意思表示したというような場合です。

(3) 取消しの手続き

法律上、一旦成立した法律行為の進行を止める制度に、「無効」「取消し」と「解除」とがあります。

「無効」の法律行為は、そもそも成立の時点から無効なので、何もしなくても無効のままであり、法律上の効果が生じることはありません。

「取消し」できる意思表示は、「取消し」の意思表示（通知）によって効果が生じ、初めから無効であったものとみなされます。ただし、「無効」とは異なり、「取消し」の意思表示をしないと有効なままなので注意が必要です。

「取消しの意思表示」は、どのような形でも通知すれば十分ですが、相手方に否定されることもありますから、将来の証拠とするために、「配達証明」つきの「内容証明郵便」で行なうのが通例です。

内容証明郵便の提出は、一行二十字以内、一葉二十六行以内で作成した文書（相手方に送達する正本）とその謄本二通（郵便局の控と内容証明書となるもの）を「郵便認証司」の所在する郵便局に持参して行ないます（郵便法第四八条、第五八条）。

なお、電子内容証明として提出する場合には、日本郵政所定のファイルで作成し、専用ウェブサイトから送信して行なうことができます。

「解除」は、寄附の契約など当事者の合意の中に解除権が定められている場合に、「解除」の意思表示によって、法律行為を無効にする制度です。

寄附の場合も、贈与契約、贈与委託契約などで解除権の定めをしていれば、その要件に合せて解除することができます。解除の効果は契約で定めるところによりますが、概ね取消しと同様です。

(4) 取消しの効果

取消しによって、その行為は初めから無効であったものとみなされますから、無効な行為によって給付を受けた者は、相手方を原状に復させる義務を負います。

したがって、寄附によって財産権の移転を受けた法人等は、寄附をした個人に、受けた金銭、物品その他の権利を返還しなければなりません。

とはいえ、法人等が取消しの無効を主張し、任意に返還することを拒むこともありますから、その場合には、督促手続きや訴訟手続きを履践する必要があります。

(5) 第三者への影響

この意思表示の取消しは、善意で無過失の第三者に対抗することができません。

「第三者」とは、この意思表示の当事者である個人と法人等以外の者であって、個人の意思表示の取消しによって影響を受ける者をいいます。たとえば、個人が寄附した物品を購入した者です。

法律用語で「善意」とは、個人に意思表示の取消しの原因（理由）があることを知らないことを意味します。通常の「善悪」の意味とは異なります。

「無過失」とは、その知らないことに過失がないことを意味します。

「対抗できない」とは、意思表示の取消しによっても、その第三者に関する限り、寄附が無効にならないということです。


したがって、個人は、寄附の意思表示を取り消しても、善意で無過失の第三者に対しては、意思表示の取消しを主張できず、意思表示の取消しがないのと同じとなります。

(6) 寄附の媒介者の禁止行為

法人等と個人との間の寄附について法人等から委託を受けた第三者（受託者）が、寄附の勧誘に際して禁止行為を行なった場合には、個人は、受託者に対して、意思表示の取消しを行なうことができます。

(7) 代理人

法人等の代理人、個人の代理人、受託者の代理人は、それぞれ法人等、個人、受託者とみなされます。

2　取消権の時効

寄附の意思表示の取消権は、一定の期間を経過すると、時効によって消滅します。したがって、その期間を経過した後は、もはや取消権を行使することができません。

その期間は、法人等の行なった禁止行為の種類によって異なります。

その禁止行為が「不退去」「退去阻止」「拘束勧誘」「外部連絡阻止」の場合は、①「追認」できる時から一年、②「行為」の時から五年です。

そして、禁止行為が「恋愛勧誘」「霊感勧誘」の場合は、①「追認」できる時から三年、「行為」の時から十年とされています。

民法上の取消権の行使期間は、追認できる時から五年、行為の時から二十年とされていますから、それよりも短い期間となります（第一二六条）。

「追認」とは、取消しできる行為を事後的に補完して有効な行為にすることをいい、取消しの原因となった状況（禁止行為）が消滅した後にしなければならないものと規定されています。

したがって、「追認できる時」とは、法人等による禁止行為による影響がなくなった時ということになります。
「行為」の時とは、個人が寄附の意思表示をした時です。

Ⅶ　扶養する親族のための特則

第十条　法人等に寄附をした個人の扶養義務等に係る定期金債権の債権者は、民法第四二三条第二項本文の規定にかかわらず、当該定期金債権のうち確定期限の到来していない部分を保全するため必要があるときは、当該個人である債務者に属する当該寄附に関する次に掲げる権利を行使することができる。

一　第八条第一項の規定による取消権

二　債務者がした寄附に係る消費者契約の申込み又はその承諾の意思表示に係る消費者契約法第四条第三項の規定による取消権

三　前二号の取消権を行使したことにより生ずる寄附による給付の返還請求権

2　前項の場合において、同項の扶養義務等に係る定期金債権のうち確定期限が到来していない部分については、民法第四二三条の三前段の規定は、適用しない。この場合において、債権者は、当該法人等に当該確定期限が到来していない部分に相当する金額を債務者のために供託させることができる。
3　前項後段の規定により供託をした法人等は、遅滞なく、第一項第三号に掲げる権利を行使した債権者及びその債務者に供託の通知をしなければならない。
4　この条において「扶養義務等に係る定期金債権」とは、次に掲げる義務に係る確定期限の定めのある定期金債権をいう。
一　民法第七五二条の規定による夫婦間の協力及び扶助の義務
二　民法第七六〇条の規定による婚姻から生ずる費用の分担の義務
三　民法第七六六条の規定による子の監護に関する義務
四　民法第八七七条から第八八〇条までの規定による扶養の義務

1　債権者代位権

債権者は、自己の債権を保全するため必要があるときは、債務者に属する権利（被代位権利）を行使することができます（民法第四二三条第一項。債権者代位権）。しかし、債権の期限が到来しない間は行使することができないものとされています（同条第二項）。また、債権者は、金銭の支払いや物品の引渡しを目的とする被代位権利を行使するときは、自己に対して支払いや引渡しをするよう求めることができます（民法第四二三条の三前段）。

2　扶養親族の特則

これに対して、この法律では、扶養親族の保護の趣旨から、「扶養義務にかかる定期金債権」の確定期限が到来していない部分を保全する必要があるときは、扶養義務者である個人のした寄附について、次の権利を行使することができるものとしています。

㈠　寄附の意思表示の取消権
㈡　寄附にかかる消費者契約の取消権
㈢　取消権の行使に伴う寄附による給付の返還請求権

しかし、確定期限が未到来の部分については、支払いや引渡しを求めることができないので、それに相当する金額を「供託」させることができるものとしています。

「供託」とは、供託所（法務局）に預託することをいいます。

3　扶養義務にかかる定期金債権

この法律では、「扶養義務にかかる定期金債権」として、次のものを特定しています。

㋑　夫婦間の協力と扶助の義務（民法第七五二条）
㋺　婚姻費用の分担の義務（民法第七六〇条）
㋩　離婚後の子の監護に関する義務（民法第七六六条）
㋥　直系血族、兄弟姉妹、三親等の親族間の扶養の義務（民法第八七七条〜第八八〇条）

Ⅷ　この法律の運用

第十二条　この法律の運用に当たっては、法人等の活動において寄附が果たす役割の重要性に留意しつつ、個人及び法人等の学問の自由、信教の自由及び政治活動の自由に十分配慮しなければならない。

附則第二条　第八条第一項の規定は、この法律の施行の日以後にされる寄附の意思表示について適用する。

附則第五条　政府は、この法律の施行後二年を目途として、この法律の規定の施行の状況及び経済社会情勢の変化を勘案し、この法律の規定について検討を加え、その結果に基づいて必要な措置を講ずるものとする。

1　寄附の重要性

最後に、この法律は、寄附が法人等の活動において重要な役割を担っていることに留意し、「学問の自由」「信教の自由」「政治活動の自由」に十分な配慮をするよう求めています。

2　寄附の取消権の行使

この法律の規定によって行なうことができる寄附の意思表示の取消権の行使は、この法律の施行日（二〇二三年（令和五年）一月五日）以降になされた意思表示に限るものとされています。

したがって、この法律の施行日以前になされた寄附の意思表示については、この法律によって保護されることはありません。

3　法律の見直し

この法律は、概ね二年後に、施行状況や経済社会情勢を勘案して、見直しや措置を講じるものとされています。

第5章 宗教活動への影響と対策

多くの宗教団体は「寄附の勧誘は行なっていない」と考えていますが、問題なのは、何が「寄附の勧誘」であり、何は「寄附の勧誘」に当たらないと言えるかです。「献金、布施、寄進、奉納、奉献、初穂料、玉串料、賽銭」等は、農作物や財などを神仏に奉献する重要な宗教活動です。しばしば「寄附」や「贈与」と同じものと思われがちですが、根本的に異なるものです。この法律の「寄附」を、そのまま宗教活動に適用してしまうと、宗教活動そのものを制約しかねない、非常に危険なものにもなります。

Ⅸ　宗教活動への影響

1　献金等と寄附

(1)　「寄附」とは

この法律は、特定の宗教団体（宗教法人）に対する高額な献金によって被害を受けた信者やその家族の救済を主眼として、緊急に制定されたという経緯があります。

その点からすれば、この法律でいう「寄附」とは、「宗教団体への献金」を意味しようとしたものと思われ、転じて、「すべての法人等への寄附」に敷衍《ふえん》されたものと思われます。

既述の通り、この法律で定義されている「寄附」とは、「個人から法人等へ」の「無償の権利移転の契約」か「無償の利益供与の単独行為」です。

問題の宗教団体（宗教法人）における「献金」とは、当該宗教団体（宗教法人）に対する献金であったかもしれませんが、それは、他の宗教団体において行なわれている献金等と同じものとは限りません。

その点を看過すると、この法律は、宗教団体の宗教活動に対する制約となってしまいます。

(2) 宗教行為としての献金等

ここで「献金等」とは、宗教団体における献金、布施、寄進、奉納、奉献、初穂料、玉串料、賽銭などをいいます。

しばしば、「献金等」が「寄附」や「贈与」と同じものと思われがちですが、根本的に異ります。

そもそも献金等は、俗世間における財貨の移動という経済行為と同一のものではありませんし、類似のものでもありません。

献金等は、信者、信仰者、崇敬者、氏子、檀徒、信徒、教会員、求道者、参拝者、参詣者など（以下「信者等」）が、信仰に基づいて、神仏に奉献する「宗教行為」です。

仏教の「布施」は、僧侶、出家者、在家信徒にかかわらず仏教者に求められている実践徳目である「六波羅蜜《ろっぱらみつ》」の筆頭に挙げられており、明確な宗教行為です。

布施は、基本的に「施し」を意味し、①財物などを与える「財施」、②教えを説き与える「法施」と、③怖れからの解放を与える「無畏施」の「三施」があります。

世俗の社会では、三施のうち「財施」のみに傾注し、財物や金銭の経済的な移動に目を奪われがちですが、「施物」は「空《くう》」なのです。目を奪われること自体が「喝《かつ》」です。

猶太《ユダヤ》教や基督《キリスト》教の『律法（旧約聖書）』においては、収入の十分の一を献げることが求められており、「十一献金（英語では「tithe」）」と呼ばれています。

基督教の『新約聖書』では、献金は「天に宝を積む行為」とされ、金持ちが大金を献げたのに対して貧しい寡婦が僅かな所持金全部を献げた行為が賞賛され、「水一杯」ですら天上に記録される旨などと録されています。

基督教会においては、毎週の主日礼拝その他の礼拝式には、「献金」が礼拝行為の一項目として組み入れられており、重要な宗教行為の一つとされています。

神社においては、金銭を投じて行なう礼拝行為としての「賽銭」があり、神に奏上する「玉串料」「初穂料」があります。

「賽銭」は、現代社会では金銭でなされることがほとんどですが、本来、天照大神から与えられた「米」を感謝の意をこめて神前に供える宗教行為でした。

神社においては、「人形《ひとがた》」に自身の罪を託してはらう「夏越し」と「年越し」の「大祓え」

に象徴されるように、人の「罪の祓い」が重要な信仰の教義です。

「賽銭」も、神への感謝であるとともに、賽銭を投じることによって、自身の罪をはらう「お祓い」という宗教行為なのです。

なお、「賽銭箱」は「お祓い箱」と呼ばれますが、俗に、解雇や不用品処分という意味の「お払い箱」に転じています。聖なる宗教行為を揶揄するものでしょう。

したがって、「賽銭」は、単なる財貨として一般職員が扱うことができるものではなく、神に献げられた信者の魂の籠ったものとして「神職」が扱うものとされています。

「初穂料」とは、その年の収穫を感謝して供える新米（初穂）の代わりの金銭であり、「玉串料」とは、神社で重要な礼拝行為である「玉串奉奠《ほうてん》」の代わりの金銭であり、単なる財貨の移動ではありません。

神に献げる「献金」も、政治活動のために捧げる行為や不正な行為の闇の対価の意味に転じられていますが、宗教行為としての「献金」を侮蔑するものでしょう。

(3)　献金等の分類

宗教団体における献金等には、大きく分けて五種あると考えます。

㋑ 礼拝行為としての献金等

その一は、信者等が神、仏、本尊、祭神、聖人、聖位、霊位、教主、宗主、祭主など宗教団体において崇敬され、礼拝の対象とされている聖なる存在（以下「神仏」）に奏上する礼拝行為としての献金等です。

この場合、宗教団体や神職、僧侶、聖職者、教職者、教師等（以下「宗教職」）は、信者等が神仏に奏上する献金等に関しては、補佐、補助、援護、支援、仲介等をする立場にはあるとしても、献金等を直接受領する立場にはありません。

宗教職は、神仏の召命を受けて、神仏に出家、献身し、神仏からの任職、授権、委任、委託等を受けて、もっぱら神仏に仕え、その職務（聖務）を行なう者です。

宗教職は、神仏に向かっては、信者等を代表し、信者等に対しては神仏に代理して事を行なうという身分にあり、献金等に関しては、信者等を代表して神仏に奏上する立場にあります。

㋺ 感謝としての献金

その二は、信者等が、事業の成功、試験の合格、入学、卒業、就職、結婚、出産、子の成長（歩き初め、七五三、入学など）などに際して、感謝として、神仏に奏上する献金等です。

ハ　祈願としての献金

その三は、その逆に、起業、事業の開始、事業の展開、受験、恋愛、懐妊、育児、住宅の建築、自動車の購入、着工、結婚、出産、育児などに関して、神仏に祈願し、祈祷するに際して奏上する献金等です。

ニ　宗教団体や宗教職への特別献金

その四は、信者等が、宗教活動の実践として、宗教団体を支え、宗教職を援《ささ》えるために、宗教団体や宗教職に捧げる宗教行為としての献金等です。

宗教団体によっては、「特別献金」「指定献金」「〇〇献金」などと呼称されています。

ホ　宗教団体の維持献金

その五は、宗教団体の運営、施設等の建立や維持、神具、法具等の整備、その他の宗教活動の実行の必要を満たすために宗教団体に納める会費や負担金という性質の献金等です。

信者等である会員に共通して定額の会費を定めている団体もあれば、個々の信者等ごとに会費の額を定めている団体もありますし、まったく信者等が自主的に定める金額としている団体もあります。

(4) 献金等の否定

宗教団体における献金等は、すべて宗教行為であって、俗的な財貨の移動（経済活動）ではありませんから、世俗の寄附や贈与と同列に扱うのは不適切です。

しかし、宗教に対する正しい理解をすすめる宗教教育が欠如し、宗教を否定する唯物論の観念が徹底している現代日本社会においては、その点の理解が危ぶまれます。

その結果、無宗教、反宗教的な立場から、神仏を捨象する形で、「宗教団体における献金等」は「宗教団体に対する寄附」であると主張されることが懸念されます。

そのことは、信者等本人が宗教的信仰に基づいて行なった宗教行為を否定することになり、宗教団体および信者等の信教の自由を侵害することになるでしょう。

この法律は、信教の自由に十分に配慮して運用されることを求めているのですから、この点を無視しまたは否定することは許されないものと考えます。

2　護持会・信徒会からの寄附

(1)　護持会など

公益的な事業を行なう社団法人や財団法人、社会福祉法人、特定非営利活動法人、学校法人などにおいては、その法人等の施設、設備および運営のために、支援会、援護会、後援会、運営会などの会員組織を作り、会員からの会費を徴収し、寄附を募ることが行なわれています。

宗教団体では、神社、寺院、教会などの施設の建立、修繕、維持などの資金源を得るために、信者等を会員として、護持会、信徒会、氏子中、支援会などが組織されています。また、大祭、祭典、遷宮、式典などの儀式の実行のために、あるいは、特定の布教活動、伝道活動、宣教活動などを展開するために、準備会、実行委員会、支援会などを組織することが行なわれています。

(2)　会員や寄附の募集

これらの組織（護持会等）は、信者等を構成員とするものであり、宗教団体や宗教活動の目的のために会費を徴収し、寄附を募っていますが、宗教団体ではありません。

したがって、信者である会員からの金銭の移動は、会費や寄附であって、献金等ではありません。


会員から徴収する「会費」についても、護持会等の性質上、護持会等の費用負担ということではなく、ごく一部を除いて、全額が宗教団体に寄附されるものです。

その意味で、「会費」という名称の「寄附」ともいえます。「会費」を含め、護持会等への寄附については、この法律が適用されると考えます。

それゆえ、寄附の募集は勿論、会費を得るための会員の募集にも、この法律による配慮義務や禁止行為の規定が適用されることになります。

(3) 護持会等から宗教団体へ

会員から集めた会費や寄附は、運営費を除き、宗教団体に寄附されることになりますが、これは「法人等からの法人等へ」の寄附となり、この法律の適用は受けないことになります。

このような寄附の募集と募集した寄附の宗教団体への寄附は、宗教団体や宗教活動を支えるための正当な活動と考えられ、問題とされることはないでしょう。
しかし、場合によっては、「個人からの寄附」を回避するための手段として利用されるおそれもあり、個別の場合については、各々精査が必要になりましょう。

3 「霊感」

(1) 「霊感」の侮辱

この法律においては、消費者契約法の規定を引き継ぐ形で、「霊感その他の合理的に実証することが困難な特別の能力による知見として」という規定を置いています。

この法律においては、「霊感」という語を、合理的に実証することが困難な、個人が有すると主張する特別の能力であるという意味で理解されているようですが、違和感があります。

そもそも「霊感」とは、第一に、神仏の力や神仏の働きを意味し、第二に、神仏にかかわる神聖な働き、第三に、信仰や修行などによって神仏との一体性や密接性を介して付与される霊的な体験を意味し、諸宗教において、高度に神聖に扱われることだからです。

筆者の信仰する基督教においては、正典（根本経典）である『聖書』は、神の霊感によって記された言葉であって、「神の言葉」とされ（または、霊感によって「神の言葉」になるとされ）ています。

仏教においては、類似の用語に「霊験《れいげん》」があります。仏神に祈願し、信仰をささげることや経典を受持し読誦することにより現れる神仏の感応を意味しています。

また、多くの宗教においては、教祖、宗祖、開祖、教主、宗位などが霊感によって語る言葉は神仏の言葉そのものと解されています。

さらに、霊感によって歴史上の人物や先達の宗教者の意を介した言葉を発することも認められています。

このように、「霊感」は、宗教上、特別の敬意をもって扱うべき用語ですが、この法律では、詐欺的な表現の一例として用いられており、反宗教的な意味合いが強くなっています。

結果的に、この法律は、「信教の自由に十分配慮しなければならない」旨を規定しながら、宗教を否定し、宗教を侮蔑するものとなっています。

私見として、第四条第六号は、次のように改正することが望ましいと考えます。

改正前　「当該個人に対し、霊感その他の合理的に実証することが困難な特別な能力による知見として、当該個人又はその親族の生命、身体、財産その他の重要な事項について、そのままでは現在生じ、若しくは将来生じ得る重大な不利益を回避することができないとの不安をあおり、又はそのような不安を抱いていることに乗じて、その重大な不利益を回避するためには、当該寄附をすることが必要不可欠である旨を告げること」

改正案　「当該個人に対し、霊感その他の特別な能力を有する旨の虚言を弄し、当該個人がそれを信じたことに基づいて、当該個人又はその親族の生命、身体、財産その他の重要な事項について、そのままでは現在生じ、若しくは将来生じ得る重大な不利益を回避することができないとの不安をあおり、又はそのような不安を抱いていることに乗じて、その重大な不利益を回避するためには、当該寄附をすることが必要不可欠である旨を告げること」

(2)　「合理的に実証できない」とは

この法律では、「霊感」を「合理的に実証することが困難な特別な能力」の例示とし、宗教を否定した唯物論の立場を闡明《せんめい》にしています。

基督教神学においては、全宇宙および地球の世界は神によって創造されたもの（神仏の体、神仏の世界など）であって、神の支配の下にあります。

神の創造とは、時間と空間をはじめ、世界に存する一切の物を言葉によって創造したことで、「言葉」とは「法」を意味します。いわゆる「自然法則」です（自然に関する神の法）。

アインシュタインは、「存在する物は必ず消滅するのに、自然法は不変である根拠」を探り、「自然法を自然法として保持しうる物は自然の中にはあり得ない」こと、従って、「自然を超えた存在」であるとの結論に至っています。

「合理的な実証」とは、神の創造された世界の中における神の法の整合性をいいますから、自然の世界を超えたことを実証することはできませんが、逆も真で、神がなければ合理性もありえないのです。

人間社会における法である以上、その権限を超えた言及はできないことは当然ですが、それを否定した定めを置くことには慎重であるべきでしょう。

4　禁止行為による宗教活動の制約

(1)　「寄附の勧誘」

以下は、献金等が寄附とみなされた場合を想定しての記述です。

この法律が規定する規制の対象は、法人等が行なう「寄附の勧誘」とされている一方で、多くの宗教団体においては、「寄附の勧誘は行なっていない」と認識されています。その認識通りであれば、宗教団体にこの法律が適用される余地はありませんが、問題は、果たしてその通りかということです。

この法律では「寄附の勧誘」が明確に定義されていないことから、宗教団体が「寄附の勧誘」ではないと考えてきたことが「寄附の勧誘」とされる心配はあります。

特に、宗教団体が行なってきた「宗教活動」やその一部が「寄附の勧誘」に当たると言われ、この法律で定める義務を履行する必要があるとされると、壊滅的な打撃を受けるおそれがあります。

神社、寺院、教会など、日本の伝統的な宗教団体の大部分は、宮司、住職、牧師などの宗教職がその家族とともに支え運営しているような小規模な組織です。

宗教施設の取得、維持および修繕、設備、備品および消耗品の購入、電気、ガスおよび水道の利用、宗教職の謝儀《しゃぎ》、印刷費、通信費などは、氏子、檀徒、信徒などの献金等によって賄われています。

献金等に滞りや減少があると、宗教団体の存続や宗教職の生計にも直結しますから、信徒の献金に対する求めには大きなものがあります。

そのため、多くの宗教団体においては、礼拝説教や信徒教育の場において「献金の奨励」が行なわれることがしばしばあります。

あるいは、信徒に対する信仰指導の一環として、信徒一人一人の献金の状況や献金額を具に点検し、個別に献金することや献金額の増額を勧める宗教職もいます。

今後、「この法律による義務を尽くさないで寄附の勧誘を受けた」として「献金等の返還」（寄附の意思表示の取消し）を求められることを心配しなければなりません。

消費者庁は、「社会的に許容し難い悪質な寄附の勧誘行為を禁止（するもの）」「社会通念上、不当な勧誘行為と考えられるものに限って（いる）」と説明していますが、それに留まらない事態が心配されます。

(2) 集団的な宗教活動

宗教団体の多くにおいては、平常の宗教活動が、宗教職や信者等によって集団的に行なわれています。

筆者自身も経験したことですが、例えば、知人友人の求めで初めて訪れた宗教団体で、施設の奥の部屋に案内され、多数の信者等が活動している場に紹介されることです。

あるいは、街で見かけた宗教団体の施設に入ったところ、歓迎され、多数の信者等の円陣の中に紹介されることです。

「いつでも帰って良い」と言われても、容易に抜け出せない環境にありますから、将来、「退去させられなかった」「退去困難な場所に連れて行かれた」「電話で相談したかったができなかった」などと主張されるおそれはないか心配されます。

(3) 恋愛感情などの利用

宗教団体の第一の使命は、宗教法人法の定義にもあるように、「宗教の教義をひろめる」ことです（第二条）。

そのために、あらゆる機会を利用することが、各宗教団体で語られ、信徒向けの機関紙等で、具体例や具体策を添えて、繰り返し述べられています。

恋愛感情、交友関係、受験交流、学生交流、労働問題、営業対策、育児教育、結婚相談、家庭問題、健康対策、病気療養、生活支援など、人生のあらゆる問題に対応していますが、それが宗教団体の使命であるからです。

宗教団体や信徒らとしては誠心誠意、その人の幸福を願って対応していたとしても、結果次第で「弱みに付け込まれた」などと言われるかもしれません。

人生のすべての問題は宗教のかかわる問題であり、宗教のかかわる問題には、神仏へ心を献げる信仰、身を献げる献身、金銭を献げる献金等がかかわります。

後になって、恋愛感情などに乗じて、多額の献金等を強いられたなどと主張しようとしたら、できなくはない状況があります。

もっとも、この法律では、「恋愛感情その他の行為の感情」でなければ対象外とされています。

5　不当な寄附の取消し

(1)　寄附の取消し

法人等が寄附の勧誘に際して禁止行為を行なったために困惑して寄附の意思表示をした場合には、その意思表示を取り消すことができるものとされています。

あくまでも「困惑して」したことが要件なのですが、「困惑した」という要件は、もっぱら本人の感情であり、あまりにも曖昧ですから、法人等では対応に困惑してしまうことでしょう。

寄附の当時、本人は、十分に自由であり、万事を理解し、諸事を納得して、自己の自由な判断に基づいて、寄附の意思表示をしたのであったとしても、後日の状況により、「困惑して」したという一言で取消しできるのではないかと思われるからです。

(2) 不当請求の心配

この法律の施行によって、寄附の意思表示の取消しの要件が明確にされたことによって、従来、困難であった寄附の取戻しが比較的容易になったともいえます。

問題となっている宗教団体の被害者弁護団の弁護士らが言うように、大規模な宗教団体に対する高額の献金等の取戻しについては、この法律はさほど役に立たないかもしれません。

しかし、その反面、本来この法律が意図していなかった小規模の宗教団体に対して、社会通念上問題ないと思われる献金等について、その取消しと返還請求が多発することが心配されます。

全国の宗教団体の圧倒的多数は、宮司、住職、牧師など宗教職が一人で、またはその家族と共に、守っている小規模な団体であって、十分な対策がなされておらず、適切な対応が取れないであろうことに着目して、不正なまたは不当な寄附の意思表示の取消しとそれに伴う寄附金の返還を請求するという事案です。

今、日本社会では、「オレオレ詐欺」「還付金詐欺」など「特殊詐欺」が蔓延しており、その被害総額は年間三百億円に及んでいます。

その手口は、近親者を騙って、事故や事件を起こしたと言い、近親者の同情に乗じて、解決金などの援助を求めて金銭を詐取したり、市役所や年金事務所を名乗り、税金や保険料を還付すると言って、ＡＴＭの誤操作を誘導して金銭を詐取するものです。

その実行役は十代から二十代の若者で、リーダーや主犯格の者も二十代から三十代で、多くはＳＮＳを通じて集められた者とされています。

同様の手法が、小規模な宗教団体に対する寄附の返還請求になされることを危惧します。

その心配に対して、消費者庁は、「社会的に許容し難い悪質な寄附の勧誘行為を禁止（するもの）」「社会通念上、不当な勧誘行為と考えられるものに限って（いる）」と説明しています。

しかし、それは、消費者庁が扱う場合の基準にはなるかもしれませんが、個人が直接宗教団体に請求することの妨げとはなりません。

オレオレ詐欺の被害者と同様、このような請求を受けた宗教職は動転し、要求に応じてしまうことも多数にのぼるのではないかと心配します。

Ⅹ　宗教団体の対応策

1　困難な証明

(1)　将来に必要となる証拠

宗教団体において、献金等が寄附とみなされた場合を想定して、将来の訴訟に備えて、すべての献金等について、この法律の適用となる事項はなかったことの証拠を残しておこうとしても、それは不可能でしょう。

必要となる証拠としては、①献金等の勧誘を行なっていないこと、②禁止行為を行なっていないこと、および③信者等の個人が困惑していないことがあげられます。

(2)　勧誘を行なっていない証拠

「勧誘を行なった」という証明は可能でしょうが、その逆の「勧誘を行なっていない」という証明はそもそも不可能です。

不可能な想定ですが、すべての信者等の個人について、二十四時間の行動記録でも取れれば、あるいは可能かもしれません。

もちろん、それは技術的にも不可能であり、可能であったとしても、人権の侵害、プライバシーの侵害、肖像権の侵害などとなり、住居侵入その他の権利侵害に当たり、許されません。

宗教団体は、基本的に、信者等の献金等によって運営されているものですから、献金等の重要性を説かないはずがありません。献金等の申告書を配布し、その提出を求め、献金等の封入袋を配布することでも勧誘に当たるでしょう。

献金等の有無や金額が信者等の地位や身分、信仰上の扱いなどに影響するなら、献金等の勧誘が強く行なわれていたことになります。

多くの宗教団体においては、信者等の献金額を機関紙に掲載し、掲示場に掲示し、特別の献金等の金額と氏名を屋内や屋外の表示板に表示し、石柱で表示し、施設のガラスやブロックに刻印し、施設や機器備品に刻銘するなどされています。

件の宗教団体の「献金等の勧誘」が問題とされているため、他の宗教団体においては「勧誘は行なわれていない」と認識されているかもしれませんが、そういう楽観的な判断は許されないと考えるべきでしょう。

(3) 禁止行為を行なっていない証拠

前記と同様、すべての献金等について「禁止行為を行なっていない」という証明も不可能です。

(4) 困惑していない証拠

当該個人が「困惑した」ということは当該個人の内心の問題であり、真に当該個人が困惑したか否かということは、当該個人以外の者が外部から察知できるものではありません。

周囲の状況や前後の行動などから、当該個人が正常であって困惑していなかったと思われる状況であっても、当該個人が「困惑した」「困惑したから、恐れて正常を装った」などと主張されたら、それを否定することは不可能でしょう。

従来は、信者等から宗教団体に高額の献金等をする場合には、公正証書にすることを薦めていました。公証人によって、本人確認と本人の意思確認がなされるので、将来の揉め事を防止できると考えたからです。

しかし、今では、「困惑して、言われるままに公証人役場に行なった」と言われれば、公正証書すら意味がなくなってしまいます。

今後、対応策を講じる必要があります。

2 献金等取消しの対応

(1) 小規模の宗教団体の危機

従来、この種の問題は、組織、人員、施設、財務などが十分で、法務部なども備える大規模な宗教団体でのことでしたから、訴外の請求にせよ、訴訟にせよ、対応が可能でした。

しかし、今後、小さな神社、寺院、教会などや、護持会、支援会、氏子中、檀家総代会、信徒会などに対しても、献金等の取消しと返還請求がなされることが予想されます。

献金等の取消しによる返還請求を受けた場合、小さな宗教団体などでは対応が困難で、適切な対応ができないまま、訴訟に移行するなど、事態を深刻化させてしまう可能性があります。

ただでさえ、ぎりぎりで維持や運営を続けてきた宗教団体などにとっては壊滅的な事態ともなりかねません。

(2) 宗教団体の特質

従来でも、この種の宗教団体では、適正になされた献金等の返還を求める請求に対してであっても、適切な対応をすることができず、請求通りの返還をしてきた事例があります。

例えば、長年忠実な信者として宗教活動に参加し、献金をしてきた四十代独身の子の事故死の後、子の日記帳から、数十年間の献金の記録を見た相続人である両親から返還請求を受けた事例があります。

宗教団体としては、宗教の理念として、「悩める者の救い」「争いを避ける」という観点や、「教祖は理不尽な要求にも応じた」という伝統から、理の是非を問わず、求めに応じてきたという面があります。

(3) 今後の心配

筆者は、今後、ＳＮＳ情報などを機に、「面白半分で」この種の請求が繰り返されることをおそれます。

特殊詐欺の例でも、ＳＮＳで情報を得た、事情も知らない若者が、「小遣い稼ぎ」のつもりで多数集まり、面白半分で、人の親切や同情心に乗じたり、公的な恩恵を騙《かた》って、多額の金銭を騙し取ることを平気で行なっています。

消費者庁の説明では、何ら問題としていない小規模な宗教団体なのですが、単に金銭上の利益（不正不当な利益）を得るために、法律の条項を利用（悪用）する者は、それに縛られません。

小さな宗教団体にとっては、「存続の危機」ともなりかねません。

今後の対策が急務です。

3 乱訴のおそれ

(1) 本人訴訟の増加

小さな宗教団体などへの献金等の取消しとその返還請求を内容証明で行ない、直接の交渉を重ねて、進展しない場合、弁護士や司法書士を立てないで、自ら行なう本人訴訟を提起することが考えられます。

直接交渉の段階から、当該団体などが訴訟に耐えうるか否が察知できますから、単に、直接交渉を優位に進めるための手段として本人訴訟が提起されるおそれがあるからです。

元々訴訟を遂行するつもりはありませんから、弁護士や司法書士を立てることなく、形だけの訴状を裁判所に提出し、当該団体に圧力をかけるという手法です。

オレオレ詐欺や還付金詐欺などでノウハウを取得した詐欺集団であれば、難なく実行できることでしょう。

さらに、その情報がＳＮＳなどで拡散されれば、それによる被害も拡大されることになるでしょう。大いに危惧するところです。

(2) 弁護士法人や司法書士法人の勧誘

そのような悪徳訴訟ではなく、「正義の実現」の意味で、弁護士や司法書士が、宗教団体などへの献金等の取消しと返還請求を広報することが考えられます。

さらに、その件数が多数にのぼり、返還金額がそれ相当になることが予想されれば、「過払金」「多重債務」などの事件のように、弁護士法人や司法書士法人によって、定型的な訴訟として頻発されることも予想されます。

あとがき

この法律は、特定の宗教団体の教義によって、日本人から多額の金銭を得て本部に上納することを是とする活動によって被害を受けたという者らやその家族らの救済を目的に、異例のスピードで立法されたものです。

我が国においては、第二次大戦の戦後、戦中および戦前の反省から、無宗教教育が徹底されてきた、世界有数の無宗教国家であり、唯物論的世界観の徹底している国です。

反面、宗教に対する認識が不十分であり、「宗教離れ」が深刻になっている現在、「宗教」を騙る詐欺商法の被害も多く、「宗教まがい」の活動も活発に行なわれています。

「宗教も金儲け」などという誤解が蔓延するなど、本来の宗教に対する理解が欠如しております。

そのような中での、この法律の前提となった事件やこの法律の制定が、真の宗教に対する誤解の醸成、宗教者や宗教団体に対する弾圧、宗教活動の制限などに助成することにならないよう念じるものです。

本書は、この法律の成立直後に逸早く法律の内容を紹介し、宗教団体への影響を危惧する視座から問題点を考察するものです。

今後の議論の展開と適切な対応がなされることを祈りながら。

二〇二三年（令和五年）一月五日

在主　櫻井圀郎

法人等による寄附の不当な勧誘の防止等に関する法律

目次

第一章　総則

（目的）

第一条　この法律は、法人等（法人又は法人でない社団若しくは財団で代表者若しくは管理人の定めがあるものをいう。以下同じ。）による不当な寄附の勧誘を禁止するとともに、当該勧誘を行う法人等に対する行政上の措置等を定めることにより、消費者契約法（平成十二年法律第六十一号）

とあいまって、法人等からの寄附の勧誘を受ける者の保護を図ることを目的とする。

（定義）

第二条　この法律において「寄附」とは、次に掲げるものをいう。

一　個人（事業のために契約の当事者となる場合又は単独行為をする場合におけるものを除く。以下同じ。）と法人等との間で締結される次に掲げる契約

イ　当該個人が当該法人等に対し無償で財産に関する権利を移転することを内容とする契約（当該財産又はこれと種類、品質及び数量の同じものを返還することを約するものを除く。ロにおいて同じ。）

ロ　当該個人が当該法人等に対し当該法人等以外の第三者に無償で当該個人の財産に関する権利を移転することを委託することを内容とする契約

二　個人が法人等に対し無償で財産上の利益を供与する単独行為

第二章　寄附の不当な勧誘の防止

第一節　配慮義務

第三条　法人等は、寄附の勧誘を行うに当たっては、次に掲げる事項に十分に配慮しなければならない。

一　寄附の勧誘が個人の自由な意思を抑圧し、その勧誘を受ける個人が寄附をするか否かについて適切な判断をすることが困難な状態に陥ることがないようにすること。

二　寄附により、個人又はその配偶者若しくは親族（当該個人が民法（明治二十九年法律第八十九号）第八百七十七条から第八百八十条までの規定により扶養の義務を負う者に限る。第五条において同じ。）の生活の維持を困難にすることがないようにすること。

三　寄附の勧誘を受ける個人に対し、当該寄附の勧誘を行う法人等を特定するに足りる事項を明らかにするとともに、寄附される財産の使途について誤認させるおそれがないようにすること。

第二節　禁止行為

（寄附の勧誘に関する禁止行為）

第四条　法人等は、寄附の勧誘をするに際し、次に掲げる行為をして寄附の勧誘を受ける個人を困惑させてはならない。

一　当該法人等に対し、当該個人が、その住居又はその業務を行っている場所から退去すべき旨の意思を示したにもかかわらず、それらの場所から退去しないこと。

二　当該法人等が当該寄附の勧誘をしている場所から当該個人が退去する旨の意思を示したにもかかわらず、その場所から当該個人を退去させないこと。

三　当該個人に対し、当該寄附について勧誘をすることを告げずに、当該個人が任意に退去することが困難な場所であることを知りながら、当該個人をその場所に同行し、その場所において当該寄附の勧誘をすること。

四　当該個人が当該寄附の勧誘を受けている場所において、当該個人が当該寄附をするか否かについて相談を行うために電話その他の内閣府令で定める方法によって当該法人等以外の者と連絡する旨の意思を示したにもかかわらず、威迫する言動を交えて、当該個人が当該方法によって連絡することを妨げること。

五　当該個人が、社会生活上の経験が乏しいことから、当該寄附の勧誘を行う者に対して恋愛感情その他の好意の感情を抱き、かつ、当該勧誘を行う者も当該個人に対して同様の感情を抱いているものと誤信していることを知りながら、これに乗じ、当該寄附をしなければ当該勧誘を行う者との関係が破綻することになる旨を告げること。

六　当該個人に対し、霊感その他の合理的に実証することが困難な特別な能力による知見として、当該個人又はその親族の生命、身体、財産その他の重要な事項について、そのままでは現在生じ、若しくは将来生じ得る重大な不利益を回避することができないとの不安をあおり、又はそのような不安を抱いていることに乗じて、その重大な不利益を回避するためには、当該寄附をすることが必要不可欠である旨を告げること。

（借入れ等による資金調達の要求の禁止）

第五条　法人等は、寄附の勧誘をするに際し、寄附の勧誘を受ける個人に対し、借入れにより、又は次に掲げる財産を処分することにより、寄附をするための資金を調達することを要求してはならない。

一　当該個人又はその配偶者若しくは親族が現に居住の用に供している建物又はその敷地

二　現に当該個人が営む事業（その継続が当該個人又はその配偶者若しくは親族の生活の維持に欠くことのできないものに限る。）の用に供している土地若しくは土地の上に存する権利又は建物その他の減価償却資産（所得税法（昭和四十年法律第三十三号）第二条第一項第十九号に規定する減価償却資産をいう。）であって、当該事業の継続に欠くことのできないもの（前号に掲げるものを除く。）

第三節　違反に対する措置等

（配慮義務の遵守に係る勧告等）

第六条　内閣総理大臣は、法人等が第三条の規定を遵守していないため、当該法人等から寄附の勧誘を受ける個人の権利の保護に著しい支障が生じていると明らかに認められる場合において、更に同様の支障が生ずるおそれが著しいと認めるときは、当該法人等に対し、遵守すべき事項を示して、これに従うべき旨を勧告することができる。

2　内閣総理大臣は、前項の規定による勧告をした場合において、その勧告を受けた法人等がこれに従わなかったときは、その旨を公表することができる。

3　内閣総理大臣は、第一項の規定による勧告をするために必要な限度において、法人等に対し、第三条各号に掲げる事項に係る配慮の状況に関し、必要な報告を求めることができる。

（禁止行為に係る報告、勧告等）

第七条　内閣総理大臣は、第四条及び第五条の規定の施行に関し特に必要と認めるときは、その必要の限度において、法人等に対し、寄附の勧誘に関する業務の状況に関し、必要な報告を求めることができる。

2　内閣総理大臣は、法人等が不特定又は多数の個人に対して第四条又は第五条の規定に違反する行為をしていると認められる場合において、引き続き当該行為をするおそれが著しいと認めるときは、当該法人等に対し、当該行為の停止その他の必要な措置をとるべき旨の勧告をすることができる。

3　内閣総理大臣は、前項の規定による勧告を受けた法人等が、正当な理由がなくてその勧告に係る措置をとらなかったときは、当該法人等に対し、その勧告に係る措置をとるべきことを命ずることができる。

4　内閣総理大臣は、前項の規定による命令をしたときは、その旨を公表しなければならない。

第三章　寄附の意思表示の取消し等

（寄附の意思表示の取消し）

第八条　個人は、法人等が寄附の勧誘をするに際し、当該個人に対して第四条各号に掲げる行為をしたことにより困惑し、それによって寄附に係る契約の申込み若しくはその承諾の意思表示又は単独行為をする旨の意思表示（以下「寄附の意思表示」と総称する。）をしたときは、当該寄附の意思表示（当該寄附が消費者契約（消費者契約法第二条第三項に規定する消費者契約をいう。第十条第一項第二号において同じ。）に該当する場合における当該消費者契約の申込み又はその承諾の意思表示を除く。次項及び次条において同じ。）を取り消すことができる。

2　前項の規定による寄附の意思表示の取消しは、これをもって善意でかつ過失がない第三者に対抗することができない。

3　前二項の規定は、法人等が第三者に対し、当該法人等と個人との間における寄附について媒介をすることの委託（以下この項において単に「委託」という。）をし、当該委託を受けた第三者（その第三者から委託（二以上の段階にわたる委託を含む。）を受けた者を含む。次項において「受託者等」という。）が個人に対して第一項に規定する行為をした場合について準用する。

4　寄附に係る個人の代理人（復代理人（二以上の段階にわたり復代理人として選任された者を含む。以下この項において同じ。）を含む。以下この項において同じ。）、法人等の代理人及び受託者等の代理人は、第一項（前項において準用する場合を含む。以下同じ。）の規定の適用については、それぞれ個人、法人等及び受託者等とみなす。

（取消権の行使期間）

第九条　前条第一項の規定による取消権は、追認をすることができる時から一年間（第四条第六号に掲げる行為により困惑したことを理由とする同項の規定による取消権については、三年間）行わないときは、時効によって消滅する。寄附の意思表示をした時から五年（同号に掲げる行為により困惑したことを理由とする同項の規定による取消権については、十年）を経過したときも、同様とする。

（扶養義務等に係る定期金債権を保全するための債権者代位権の行使に関する特例）

第十条　法人等に寄附（金銭の給付を内容とするものに限る。以下この項において同じ。）をした個人の扶養義務等に係る定期金債権の債権者は、民法第四百二十三条第二項本文の規定にかかわらず、当該定期金債権のうち確定期限の到来していない部分を保全するため必要があるときは、当該個人である債務者に属する当該寄附に関する次に掲げる権利を行使することができる。

一　第八条第一項の規定による取消権

二　債務者がした寄附に係る消費者契約の申込み又はその承諾の意思表示に係る消費者契約法第四条第三項（第一号から第四号まで、第六号又は第八号に係る部分に限る。）（同法第五条第一項において準用する場合を含む。）の規定による取消権

三　前二号の取消権を行使したことにより生ずる寄附による給付の返還請求権

2　前項（第三号に係る部分に限る。）の場合において、同項の扶養義務等に係る定期金債権のうち確定期限が到来していない部分については、民法第四百二十三条の三前段の規定は、適用しない。この場合において、債権者は、当該法人等に当該確定期限が到来していない部分に相当する金額を債務者のために供託させることができる。

3　前項後段の規定により供託をした法人等は、遅滞なく、第一項第三号に掲げる権利を行使した債権者及びその債務者に供託の通知をしなければならない。

4　この条において「扶養義務等に係る定期金債権」とは、次に掲げる義務に係る確定期限の定めのある定期金債権をいう。

一　民法第七百五十二条の規定による夫婦間の協力及び扶助の義務
二　民法第七百六十条の規定による婚姻から生ずる費用の分担の義務
三　民法第七百六十六条（同法第七百四十九条、第七百七十一条及び第七百八十八条において準用する場合を含む。）の規定による子の監護に関する義務
四　民法第八百七十七条から第八百八十条までの規定による扶養の義務

第四章　法人等の不当な勧誘により寄附をした者等に対する支援

第十一条　国は、前条第一項各号に掲げる権利を有する者又は同項若しくは民法第四百二十三条第一項本文の規定によりこれらの権利を行使することができる者が、その権利の適切な行使により被害の回復等を図ることができるようにするため、日本司法支援センターと関係機関及び関係団体等との連携の強化を図り、利用しやすい相談体制を整備する等必要な支援に関する施策を講ずるよう努めなければならない。

第五章　雑則

（運用上の配慮）
第十二条　この法律の運用に当たっては、法人等の活動において寄附が果たす役割の重要性に留意しつつ、個人及び法人等の学問の自由、信教の自由及び政治活動の自由に十分配慮しなければならない。

（内閣総理大臣への資料提供等）
第十三条　内閣総理大臣は、この法律の目的を達成するため必要があると認めるときは、関係行政機関の長に対し、資料の提供、説明その他必要な協力を求めることができる。

（権限の委任）

第十四条　内閣総理大臣は、第二章第三節及び前条の規定による権限（同条の規定による権限にあっては、国務大臣に対するものを除く。）を消費者庁長官に委任する。

（命令への委任）

第十五条　この法律に定めるもののほか、この法律の実施のため必要な事項は、命令で定める。

第六章　罰則

第十六条　第七条第三項の規定による命令に違反したときは、当該違反行為をした者は、一年以下の拘禁刑若しくは百万円以下の罰金に処し、又はこれを併科する。

第十七条　第七条第一項の規定による報告をせず、又は虚偽の報告をしたときは、当該違反行為をした者は、五十万円以下の罰金に処する。

第十八条　法人等の代表者若しくは管理人又は法人等の代理人、使用人その他の従業者が、その法人等の業務に関して、前二条の違反行為をしたときは、行為者を罰するほか、その法人等に対しても、各本条の罰金刑を科する。

2　法人でない社団又は財団について前項の規定の適用がある場合には、その代表者又は管理人が、その訴訟行為につき法人でない社団又は財団を代表するほか、法人を被告人又は被疑者とする場合の刑事訴訟に関する法律の規定を準用する。

附　則

（施行期日）

第一条　この法律は、公布の日から起算して二十日を経過した日から施行する。ただし、次の各号に掲げる規定は、当該各号に定める日から施行する。

一　第四条（第三号及び第四号に係る部分に限る。）及び第八条（第四条第三号及び第四号に係る部分に限る。）の規定　消費者契約法及び消費者の財産的被害の集団的な回復のための民事の裁判手続の特例に関する法律の一部を改正する法律（令和四年法律第五十九号）の施行の日

二　第五条、第二章第三節及び第六章の規定並びに附則第四条の規定　公布の日から起算して一年を超えない範囲内において政令で定める日

（経過措置）

第二条　第八条第一項の規定は、この法律の施行の日以後にされる寄附の意思表示（第四条第三号及び第四号に掲げる行為により困惑したことを理由とするものにあっては、前条第一号に掲げる規定の施行の日以後にされる寄附の意思表示）について適用する。

第三条　消費者契約法及び消費者の財産的被害の集団的な回復のための民事の裁判手続の特例に関する法律の一部を改正する法律の施行の日の前日までの間における第十条第一項の規定の適用については、同項第二号中「から第四号まで、第六号又は第八号」とあるのは、「、第二号、第四号又は第六号」とする。

第四条　刑法等の一部を改正する法律（令和四年法律第六十七号）の施行の日（以下この条において「刑法施行日」という。）の前日までの間における第十六条の規定の適用については、同条中「拘禁刑」とあるのは、「懲役」とする。刑法施行日以後における刑法施行日前にした行為に対する同条の規定の適用についても、同様とする。

（検討）

第五条　政府は、この法律の施行後二年を目途として、この法律の規定の施行の状況及び経済社会情勢の変化を勘案し、この法律の規定について検討を加え、その結果に基づいて必要な措置を講ずるものとする。

（消費者庁及び消費者委員会設置法の一部改正）

第六条　消費者庁及び消費者委員会設置法（平成二十一年法律第四十八号）の一部を次のように改正する。第四条第一項中第二十六号を第二十七号とし、第二十三号から第二十五号までを一号ずつ繰り下げ、第二十二号の次に次の一号を加える。

二十三　法人等による寄附の不当な勧誘の防止等に関する法律（令和四年法律第百五号）の規定による法人等からの寄附の勧誘を受ける者の保護に関すること。

著者紹介

櫻井 圀郎（さくらい くにお）

○**現職**：宗教法および宗教経営研究所・所長教授、宗教に特化した司法書士・行政書士、日本長老教会・神学教師、日本キリスト教連合会・常任委員法務顧問、東京都宗教連盟・参与、東京都神社庁・行政実務相談役、京都仏教会・顧問、ほか

○**元職**：東京基督教大学・教授（法学、神学）、共立基督教研究所・所長、宗教法学会・理事、宗教法人審議会・委員、東京高等教育研究所・研究員、ほか。

○**学歴**：名古屋大学法学部、同大学院博士課程（民法専攻）、東京基督神学校、米国・フラー神学大学神学高等研究院（組織神学専攻）、高野山大学大学院（密教学専攻）、ほか。

○**関連の著作**：

・消費者保護　櫻井圀郎『広告の法的意味～広告の経済的効果と消費者保護～』（勁草書房）

・宗教法人　櫻井圀郎「宗教法人法制の検証と展開」『２１世紀民事法学の挑戦』（信山社）

・宗教活動　櫻井圀郎『教会と宗教法人の法律』（キリスト新聞社）

・献金等　櫻井圀郎「キャッシュレス化社会における宗教活動と宗教団体の責任」『キャッシュレス社会と宗教活動』（京都仏教会）

・神学　櫻井圀郎『神と人間の神学』（「法と神学」のミニストリーズ）

・宗教の制約　櫻井圀郎『中国の宗教法令』（宗教法および宗教経営研究所）

ホームページ　https://law396.com/

旧統一協会被害者救済新法を解説する

寄附の不当勧誘防止法
その意味と問題点

2023年2月6日　初版第1刷発行

著　者　櫻井 圀郎

発行者　山口 春嶽

発行所　桜の花出版株式会社
〒194-0021　東京都町田市中町1-12-16-401
電話 042-785-4442

発売元　株式会社星雲社（共同出版社・流通責任出版社）
〒112-0005　東京都文京区水道1-3-30
電話 03-3868-3275

印刷・製本　　株式会社シナノ

ISBN 978-4-434-31697-5　C0032